DIE SCHÖNSTEN GEBETE

Günter Raake und
Olga Poljakowa (Hrsg.)

DIE SCHÖNSTEN
GEBETE

Bassermann

ISBN 978-3-8094-4763-4

1. Auflage
© 2023 by Bassermann Verlag, einem Unternehmen der Penguin Random House Verlagsgruppe GmbH, Neumarkter Straße 28, 81673 München

© der Originalausgabe 2006 by Bassermann Verlag, einem Unternehmen der Penguin Random House Verlagsgruppe GmbH, Neumarkter Straße 28, 81673 München

Projektleitung dieser Ausgabe: Martha Sprenger
Umschlaggestaltung: Atelier Versen, Bad Aibling
Layout und Satz: Epsilon2, Konzept & Gestaltung, Augsburg
Illustrationen: Page Pizazz Cube
Herstellung: Elke Cramer

Penguin Random House Verlagsgruppe FSC® N001967

Druck und Bindung: GGP Media GmbH, Pößneck

Printed in Germany

674119720106

Inhalt

Vorwort

Das Gebet als Gespräch mit Gott existiert in allen Religionen, auf jedem Erdteil, in allen Kulturen und Sprachen. Menschen in aller Welt beten entweder laut, in der Öffentlichkeit und gemeinsam, oder still, allein, schweigend, gleichsam in privatem Zwiegespräch mit Gott. So ist das Gebet wie kaum eine andere Textform auf der Welt international und religionsübergreifend, privat und öffentlich zugleich.

Bitten und Danken, Lobpreisen, Gedenken und Segnen, das sind wesentliche Grundformen des Gebetes. Auch inhaltlich weisen die Gebete der verschiedenen Religionen der Welt mehr Gemeinsamkeiten als Unterschiede auf. Besonders deutlich wird dies an den beinahe überall anzutreffenden Bezügen zur Natur, zu den Elementen Feuer, Erde, Wasser und Luft. Interessant ist auch die übereinstimmend in den Gebeten aller Religionen aufzufindende Betonung der Gemeinschaft, in der Gemeinschaft der Familie, der Gemeinschaft einer Gemeinde oder eines ganzen Volkes oder auch der Gemeinschaft aller Lebewesen, der Zusammenführung des Menschen mit den Tieren und Pflanzen – dem „Alles-Lebenden".

Wenn es bei den Gebeten selbst also mehr Gemeinsames als Trennendes zwischen den Religionen gibt, so sind es vielmehr die mit dem Gebet verbundenen Rituale, die die Religionen unterscheiden: Unterschiedliche Orte des Betens, vorgeschriebene Gebetszeiten und Gebetshaltungen, verschiedenste wiederkehrende Gebetsanlässe und Feste – im Umgang mit dem Gebet dokumentiert sich die ganze Vielfalt der Weltkulturen.

Die Faszination der Textform „Gebet" liegt allerdings außerhalb alles Verbindenden und Trennenden der Religionen, sie liegt in der übergreifenden Frage nach der Verbindlichkeit der Texte: Inwieweit sind Gebetstexte verbindlich, das heißt, ausschließlich der Vorlage nachzusprechen, sozusagen unverändert zu übernehmen? Und inwieweit sind Gebetstexte individualistisch, das heißt bewusst zur individuellen Variation vorgeschlagene Rahmentexte?

Natürlich bemühen sich alle Religionen um Vereinheitlichung, schon um die gemeinsamen Verständnisgrundlagen innerhalb einer Glaubensgemeinschaft sicherzustellen. Dazu wurden zu jeder Zeit und werden auch heute noch Gebetbücher fortlaufend aktualisiert, neu aufgelegt, manchmal autorisiert, manchmal auch zensiert. Vergleicht man jedoch die Textform „Gebet" mit der Textform „Gedicht", wird ein Unterschied schnell deutlich: Bei einem Gedicht würde ohne Frage die Mehrheit ein wörtliches Rezitieren eindeutig vorziehen, sei es aus purem Respekt vor dem Dichter oder auch nur der Einsicht in die eigenen Schwächen der Sprachfindung geschuldet. Die Psalmen der Bibel dagegen laden geradezu zu kreativen individuellen Umsetzungen ein – was ein Blick in hunderte Internetseiten zu diesem Thema deutlich belegt.
Interessanterweise haben sich auch zu jeder Zeit besonders die Dichter, die Lyriker, mit dem Thema Gebet befasst, dem soll unser Kapitel Gebete berühmter Dichter Rechnung tragen.

Unsere kleine Sammlung ist nicht auf theologisch-wissenschaftlicher Grundlage entstanden, schon gar nicht erhebt sie Anspruch auf Autorisierung von offizieller Seite. Sie ist vielmehr ein Abbild einer persönlichen Beschäftigung mit dem Thema „Gebet". Bei den Bibeltexten haben wir uns an Luther orientiert – einfach nur wegen der wunderbaren Kraft seiner Sprache. Viele der Gebete und Kindergebete aus aller Welt haben wir aus dem Englischen übersetzt, sie basieren auf den privaten Aufzeichnungen eines Priesters, der zu Beginn des zwanzigsten Jahrhunderts auf seinen ausgedehnten Reisen in Tagebüchern in englischer Sprache Gebete und Gedichte aus aller Welt notiert hat.

Die zahlreichen alten und neuen Gebetesammlungen, die uns während der Recherche für dieses Buch begegnet sind, werden bei uns einen dauerhaften Platz im Bücherregal behalten. Auch nach Beendigung unserer Arbeit möchten wir uns weiterhin diese „Gedankenquellen" erhalten – und wir wünschen uns für dieses Buch eine gleiche Verwendung.

Günter Raake und Olga Poljakowa

Sonnengesang des Echnaton

Schön erscheinst du,
lebendige Sonne, Herr der Ewigkeit.
Du bist groß, strahlend und schön,
deine Kraft ist gewaltig.
Deine Strahlen erhellen alles,
und so wird dir die Liebe beider Länder zuteil.
Du hast alles erschaffen, was da ist,
Menschen, Tiere und Bäume,
sie alle leben, weil du für sie aufgegangen bist.

Gehst du unter im Westen,
schlafen alle, so, als wären sie tot.
Gehst du am Morgen auf im Osten,
erheben sie ihre Arme, zu deiner Ehre.
Deine Strahlen erschaffen das Leben,
und so ist alles ein Fest.

Du lässt den Samen sich entwickeln in den Frauen,
du lässt den Menschen daraus entstehen.
Den Sohn lässt du leben im Leib der Mutter,
und du beruhigst ihn, so dass seine Tränen versiegen,
du Amme im Mutterleib.

Du schenkst den Atem,
der alle Geschöpfe am Leben erhält.
Kommt das Kind aus dem Mutterleib
am Tage seiner Geburt um zu atmen,
dann öffnest du seinen Mund
und sorgst für seine Bedürfnisse.

Du gibst dem Küken im Ei,
das schon in der Schale redet,
die Luft, die es zum Leben braucht.
Du hast ihm eine Frist gesetzt,
um die Schale zu durchbrechen.
Es kommt aus dem Ei
und läuft schon auf seinen Füßen.

Wie zahlreich sind deine Werke,
die dem Auge verborgen sind.
Du, einziger Gott, dem nichts gleich ist.
Du hast die Erde allein nach deinem Willen geschaffen,
mit Menschen, Vieh und allem, was auf der Erde lebt,
was auf seinen Füßen umherläuft
und was mit seinen Flügeln fliegt.

Echnaton, ca. 1350 vor Christus

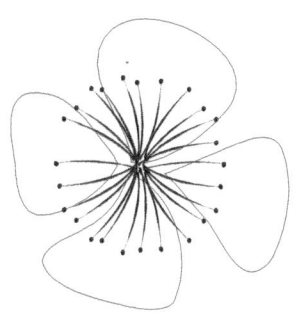

Sonnengesang

Höchster, mächtigster, gütiger Herr,
dir sind Lob und Ruhm und Ehre
und aller Segen geweiht,
dir nur gebühren sie, Höchster,
und keiner der Menschen ist würdig,
deinen Namen nur zu nennen.

Gelobt seist du, Herr,
mit allen Wesen, die du geschaffen,
der Schwester Sonne,
die uns den Tag bringt
und uns mit ihren Strahlen das Licht spendet;
so schön und mit mächtigem Glanze:
Sie ist wie du, Erhabener.

Gelobt seist du, Herr,
durch Bruder Mond und die Sterne.
Du hast sie am Himmel erschaffen
und sie leuchten klar und schön.

Gelobt seist du, Herr,
durch Bruder Wind und Luft
und Wolken und Wetter,
die nach deinem Willen
deine Geschöpfe am Leben erhalten.

Gelobt seist du, Herr,
durch Schwester Wasser,
wie ist sie nützlich
in ihrer Demut
und keusch.

Gelobt seist du, Herr,
durch Bruder Feuer,
durch den du die Nacht uns erleuchtest.
Schön und freundlich ist er,
auch mächtig und wild.

Gelobt seist du, Herr,
durch unsere Schwester, Mutter Erde,
die uns trägt und nährt
und viele Früchte uns schenkt
und Blumen und Grün.

Gelobt seist du, Herr,
durch die, die verzeihen aus Liebe zu dir
und Last und Trübsal geduldig tragen.
Selig, die den Frieden leben;
du, Höchster, wirst es ihnen lohnen.

Gelobt seist du, Herr,
durch unseren Bruder, den leiblichen Tod,
dem kein Mensch zu entrinnen vermag.
Wehe denen, die in schweren Sünden sterben.

Selig, die deinen heiligsten Willen erfüllen.
Denn der zweite Tod wird sie nicht erreichen.
Lobet und preiset den Herrn!
Danket und dienet ihm in großer Demut!

Franz von Assisi (1181/1182–1226)

Vater unser

Vater unser im Himmel,
dein Name werde geheiligt,
dein Reich komme.
Dein Wille geschehe
wie im Himmel, so auf Erden.
Und vergib uns unsere Schuld,
wie auch wir vergeben unseren Schuldigern.
Und führe uns nicht in Versuchung,
sondern erlöse uns von dem Übel.
Denn dein ist das Reich
und die Kraft und die Herrlichkeit
in Ewigkeit.
Amen.

Matthäus 6, 9–16

Das Augsburger Gebet

Gott, es ist dein Wesen,
dass du barmherzig bist.
Erhöre unser Gebet,
dessen bedürfen wir sehr,
da uns die Ketten der Sünde fesseln,
die Gnade deiner Barmherzigkeit.
Befreie uns bald!

9.–10. Jahrhundert

Gebete aus dem Christentum

Das Wessobrunner Gebet

Das erfuhr ich mit den Menschen als das größte Wunder,
dass die Erde nicht war, noch über uns der Himmel,
nicht Baum noch Berg, noch irgend sonst.
Nicht schien die Sonne, noch der Mond,
noch das herrliche Meer.
Dass da nichts war auf der Erde
als der eine allmächtige Gott,
der gnädigste Gott,
und da waren auch viele herrliche Geister
und der heilige Gott.
Allmächtiger Gott,
du schufest Himmel und Erde
und hast den Menschen viel Gutes gegeben.
Gib mir in deiner Gnade
rechten Glauben und guten Willen,
Weisheit, Klugheit und Kraft,
den Teufeln zu widerstehen
und das Böse zu meiden
und deinen Willen zu tun.

Handschrift aus dem 9. Jahrhundert

Mein Gott, was bist du also?

Mein Gott, was bist du also?
Was frag' ich erst?
Was anderes denn als der Herr, mein Gott?
Denn wer ist Herr neben dem wahrhaftigen Herrn,
und wer ist Gott außer dir, unserem Gott?

Höchster, Bester, Mächtigster, Allmächtigster,
Barmherzigster und doch Gerechtester,
Verborgenster und doch Allgegenwärtiger,
Schönster und Stärkster,
feststehend und doch nicht zu fassen,
unwandelbar und doch alles wandelnd.
Nie neu, nie alt, der du alles erneuerst,
die Stolzen aber gibst du anheim der Vergänglichkeit,
ohne dass sie es fassen;
immer wirkend, immer ruhig,
sammelnd und doch nie bedürfend,
tragend, erfüllend und schützend,
schaffend, ernährend und vollendend,
suchend, da doch nichts dir ermangelt.

Gebete aus dem Christentum

Du liebst, doch ohne Leidenschaft,
du eiferst, doch mit ruhiger Milde,
deine Rede ist schmerzlos.
Du zürnst und bist doch ruhig,
wandelbar sind deine Werke,
unwandelbar dein Ratschluss,
du nimmst auf, was du findest,
und hast es doch niemals verloren.
Nie arm, freust du dich des Gewinns,
nie habsüchtig, forderst du Zinsen.
Es wird dir geliehen, auf dass du zum Schuldner werdest,
und doch, wer hat etwas, das dein Eigentum wäre?
Schulden zahlst du, die du nie schuldig bist;
du erlässt uns unsere Schuld und verlierst trotzdem nichts.

Was aber habe ich mit all dem vorgebracht,
mein Gott, mein Leben, meine heilige Wonne?
Oder wie redet einer, wenn er redet von dir?
Wehe denen, die von dir schweigen,
denn auch die Stummen werden dich bekennen.

Hl. Augustinus (354–430)

Gebet an den Heiligen Geist

Himmelsherrscher,
Tröster,
wahre Seele,
alles Durchdringender
und alles Verwirklichender,
Schatz der Wohltätigen
und Spender des Lebens,
komm und sei eins mit uns,
und reinige uns von der Sünde,
und rette, du Seliger,
unsere Seelen.

aus Russland

Bitte um Hilfe

Herr, unser Gott,
du bist der Richter der Erde.
Du liebst kein Unrecht auf der Erde.
Erhöre mein Gebet,
gib mir deine Kraft.
Alle Feinde, sichtbare und unsichtbare,
werden aufgehalten,
da, wo sie deinem Willen begegnen.

aus Russland

18   Gebete aus dem Christentum

Aus tiefer Not

Aus tiefer Not schrei ich zu dir,
Herr Gott, erhör mein Rufen.
Dein gnädig Ohren kehr zu mir
und meiner Bitt' sie öffne.
Denn so du willst das sehen an,
was Sünd' und Unrecht ist getan,
wer kann, Herr, vor dir bleiben?
Bei dir gilt nichts denn Gnad' und Gunst,
die Sünden zu vergeben.
Es ist doch unser Tun umsonst
auch in dem besten Leben.
Vor dir niemand sich rühmen kann,
des muss dich fürchten jedermann
und deiner Gnaden leben.
Darum auf Gott will hoffen ich,
auf mein Verdienst nicht bauen,
auf ihn mein Herz soll lassen sich
und seiner Güte trauen,
die mir zusagt sein wertes Wort,
das ist mein Trost und treuer Hort,
des will ich allzeit harren.

Martin Luther (1483–1546)

Komm, Heiliger Geist, du Schaffender

Komm, Heiliger Geist, du Schaffender,
komm, deine Seelen suche heim;
mit Gnadenfülle segne sie,
die Brust, die du geschaffen hast.

Du heißest Tröster, Paraklet,
des höchsten Gottes Hochgeschenk,
lebend'ger Quell und Liebesglut
und Salbung heil'ger Geisteskraft.

Du siebenfält'ger Gnadenschatz,
du Finger Gottes rechter Hand;
von ihm versprochen und geschickt,
der Kehle Stimm' und Rede gibst.

Den Sinnen zünde Lichter an,
den Herzen frohe Mutigkeit,
dass wir im Körper Wandelnden
bereit zum Handeln sei'n, zum Kampf!

Den Feind bedränge, treib ihn fort,
dass uns des Friedens wir erfreun,
und so an deiner Führerhand
dem Schaden überall entgehn.

Vom Vater uns Erkenntnis gib,
Erkenntnis auch vom Sohn zugleich,
die wir in beiderseit'gem Geist
zu allen Zeiten gläubig flehn.

Darum sei Gott dem Vater Preis,
dem Sohne, der vom Tod erstand,
dem Paraklet, dem wirkenden,
von Ewigkeit zu Ewigkeit.

Rhabanus Maurus (um 780–856)

Gebete aus dem Christentum

Atme in mir

Atme in mir, du Heiliger Geist, dass ich Heiliges denke.
Treibe mich, du Heiliger Geist, dass ich Heiliges tue.
Locke mich, du Heiliger Geist, dass ich Heiliges liebe.
Stärke mich, du Heiliger Geist, dass ich Heiliges bewahre.
Hüte mich, du Heiliger Geist, dass ich das Heilige niemals verliere.

dem Hl. Augustinus (354–430) zugeschrieben

Gebet am Samstagabend

Lass mich, Herr, dieses Abendlicht
und auch die Sonne sehen
und ohne Sünde behütet
durch deinen Schutz sein.
Du Mächtiger,
lass mich deine unbesiegbare Kraft loben!
So wie du die wunderbare Schöpfung
erdacht hast für uns Sünder,
so lass auch mich dieses Licht erlangen.

Ich bete, Herr, erlaube mir,
das gnadenvolle, ständige, endlose Licht
deines Gesichtes zu sehen.
Heute aber, durch deine Hilfe
freue ich mich über deine Gnade und rufe:
Sei gepriesen, du heilige untrennbare Dreifaltigkeit
des Vaters und des Sohnes und Heiligen Geistes,
heute und in der Vergangenheit und in der Ewigkeit.
Amen.

aus Russland

Ein feste Burg ist unser Gott

Ein feste Burg ist unser Gott,
ein gute Wehr und Waffen.
Er hilft uns frei aus aller Not,
die uns jetzt hat betroffen.
Der alt böse Feind
mit Ernst er's jetzt meint,
groß Macht und viel List
sein grausam Rüstung ist,
auf Erd' ist nicht seinesgleichen.

Mit unsrer Macht ist nichts getan,
wir sind gar bald verloren,
es streit' für uns der rechte Mann,
den Gott hat selbst erkoren.
Fragst du, wer der ist?
Er heißt Jesu Christ,
der Herr Zebaoth,
und ist kein ander Gott,
das Feld muss er behalten.

Gebete aus dem Christentum

Und wenn die Welt voll Teufel wär'
und wollt' uns gar verschlingen,
so fürchten wir uns nicht so sehr,
es soll uns doch gelingen.
Der Fürst dieser Welt,
wie saur er sich stellt,
tut er uns doch nichts,
das macht, er ist gericht':
ein Wörtlein kann ihn fällen.

Das Wort sie sollen lassen stahn
und kein' Dank dazu haben.
Er ist bei uns wohl auf dem Plan
mit seinem Geist und Gaben.
Nehmen sie den Leib,
Gut, Ehr, Kind und Weib,
lass fahren dahin,
sie haben's kein' Gewinn,
das Reich muss uns doch bleiben.

Martin Luther (1483–1546)

Wer wird mir verleihen,
zu ruhen in dir?

Wer wird mir verleihen, zu ruhen in dir?
Wer mir beistehen, dass du kommst in mein Herz
und es ganz erfüllst, dass ich vergesse all mein Elend
und dich nur, mein einziges Gut, umfasse?

Was bist du mir?
Habe Erbarmen mit mir,
dass ich mich unterfange, von dir zu reden.

Was bin ich dir, dass du Liebe von mir forderst
und dein Zorn mir droht und unermessliches Elend,
wenn ich es nicht täte?
Ist es denn ein geringes Elend,
wenn ich dich nicht liebe?
Wehe mir! Sage mir, o mein Herr und mein Gott,
um deiner erbarmenden Liebe willen, was du mir bist.
Sprich zu meiner Seele: Ich bin deine Hilfe.

So sprich, dass ich dich hören kann.
Siehe meines Herzens Ohr lauschend vor dir;
erschließe es, o Herr, und sprich zu meiner Seele:
Ich bin deine Hilfe.
Betend will ich folgen dieser Stimme und dich ergreifen.
Verbirg dein Angesicht nicht vor mir,
ich will sterben, damit ich lebe
und dich schaue von Angesicht zu Angesicht.

Gebete aus dem Christentum

Eng ist das Haus meiner Seele,
erweitere es, dass es werde deine Wohnung.
Hinfällig ist es, darum erneuere es.
Flecken sind darin enthalten,
welche dein Auge beleidigen,
gern bekenne ich es,
aber wer wird es reinigen?
Oder wem anders als dir kann ich zurufen:
Mache mich rein von verborgenen Fehlern
und bewahre deinen Knecht vor fremder Missetat.

Ich glaube, darum rede ich,
Herr, du weißt es ja.
Habe ich dir nicht, mein Gott,
mein Vergehen bekannt,
und hast du mir nicht vergeben
meines Herzens Ruchlosigkeit?
Nicht rechten will ich mit dir,
der du bist die lautere Wahrheit,
und ich will mich nicht selbst täuschen,
dass nicht meine Sünde sich selbst belüge.
Nicht rechten will ich mit dir,
denn so du willst Sünde zurechnen, o Herr,
Herr, wer will bestehen?

Hl. Augustinus (354 – 430)

Mein Herr und mein Gott

Mein Herr und mein Gott,
nimm alles von mir, was mich hindert zu dir.
Mein Herr und mein Gott,
gib alles mir, was mich fördert zu dir.
Mein Herr und mein Gott,
nimm mich mir
und gib mich ganz zu eigen dir.

Hl. Nikolaus von Flüe (1417–1487)

Lobgesang

Höchster, allmächtiger, guter Herr,
dein sind das Lob, der Ruhm, die Ehr' und aller Segen.
Dir gehören sie, Höchster, allein.
Kein Mensch ist wert, dich zu nennen.

Gelobt seiest du, mein Herr, samt all deinen Kindern
und der Schwester Sonne besonders,
denn am Tage zündest du für uns sie an.
Schön ist sie und strahlt in großem Glanze.
Von dir, o Höchster, bringt sie Kunde.

Gelobt seiest du, mein Herr,
für Bruder Wind und Luft und Wolken,
freundliches und jedes Wetter!
Mit ihnen hegst du deine Kinder.

Franz von Assisi (1181/1182–1226)

Gebet um Humor

Schenke mir eine gute Verdauung, Herr,
und auch etwas zum Verdauen.
Schenke mir Gesundheit des Leibes
mit dem nötigen Sinn dafür,
ihn möglichst gut zu erhalten.

Schenke mir eine heilige Seele, Herr,
die das im Auge behält, was gut und rein ist,
damit sie im Anblick der Sünde nicht erschrecke,
sondern das Mittel finde,
die Dinge wieder in Ordnung zu bringen.

Schenke mir eine Seele,
der die Langeweile fremd ist,
die kein Murren kennt
und kein Seufzen und Klagen,
und lass nicht zu,
dass ich mir allzuviel Sorgen mache
um dieses sich breit machende Etwas,
das sich „Ich" nennt.

Herr, schenke mir Sinn für Humor,
gib mir die Gnade,
einen Scherz zu verstehen,
damit ich ein wenig Glück kenne im Leben
und anderen davon mitteile.
Amen.

Hl. Thomas Morus (1478–1535)

Gebet für die Frau bei der Geburt des Kindes

Allmächtiger Gott, alles erhaltender Gott,
heile jede Krankheit und jede Wunde.
Heile auch diese Frau,
die dir heute ein Kind zur Welt brachte.
Erhebe sie vom Krankenbett,
wie der Prophet David gesagt hat,
im Unrecht gezeugt und sündhaft vor dir.
Beschütze sie zusammen
mit dem neugeborenen Kind,
bedecke sie mit dem Umhang deiner Flügel
vom heutigen Tag bis zu ihrem Ende,
mit den Gebeten der reinen Gottesmutter und aller Heiligen,
da du selig bist für alle Zeiten.
Amen.

aus Russland

Seele Christi, heilige mich

Seele Christi, heilige mich.
Leib Christi, rette mich.
Blut Christi, tränke mich.
Wasser der Seite Christi, wasche mich.
Leiden Christi, stärke mich.
O gütiger Jesus, erhöre mich.
Verbirg in deinen Wunden mich.
Von dir lass nimmer scheiden mich.
Vor dem bösen Feinde beschirme mich.
In meiner Todesstunde rufe mich,
mit deinen Heiligen zu loben dich
in deinem Reiche ewiglich.
Amen.

dem Hl. Ignatius von Loyola (1491–1556) zugeschrieben

Gebete aus dem Christentum

Gebet um die Kraft der Liebe

Mein Gott,
ich will dich lieben,
so stark, wie eine Mutter ihr Kind liebt,
so stark, wie meine Mutter mich geliebt hat,
so stark, wie ich mein Kind liebe.

Mein Gott,
so sehr, wie du mich liebst,
so sehr will ich dich lieben.
Aus der Kraft deiner Liebe
entsteht alles Gute.
Ohne deine Liebe
gibt es keine Liebe auf der Welt.

Mein Gott, durch die Kraft deiner Liebe,
segne mich mit der Kraft der Liebe.

aus England

Wer einmal, Mutter, dich erblickt

Wer einmal, Mutter, dich erblickt,
wird vom Verderben nie bestrickt.
Trennung von dir muss ihn betrüben,
ewig wird er dich brünstig lieben
und deiner Huld Erinnerung
bleibt fortan seines Geistes höchster Schwung.

Ich mein' es herzlich gut mit dir,
was mir gebracht, siehst du in mir.
Lass, süße Mutter, dich erweichen,
einmal gib mir ein frohes Zeichen.
Mein ganzes Dasein ruht in dir,
nur einen Augenblick sei du bei mir.

Oft, wenn ich träumte, sah ich dich
so schön, so herzensinniglich.
Der kleine Gott auf deinen Armen
wollt' des Gespielen sich erbarmen;
du aber hobst den hehren Blick
und gingst in tiefe Wolkenpracht zurück.

Was hab ich, Armer, dir getan?
Noch bet ich dich voll Sehnsucht an.
Sind deine heiligen Kapellen
nicht meines Lebens Ruhestellen?
Gebenedeite Königin,
nimm dieses Herz mit diesem Leben hin.

Du weißt, geliebte Königin,
wie ich so ganz dein eigen bin.
Hab ich nicht schon seit langen Jahren
im stillen deine Huld erfahren?
Als ich kaum meiner noch bewusst,
sog ich schon Milch aus deiner sel'gen Brust.

Unzähligmal standst du bei mir,
mit Kindeslust sah ich nach dir,
dein Kindlein gab mir seine Hände,
dass es dereinst mich wiederfände.
Du lächeltest voll Zärtlichkeit
und küsstest mich, o himmelsüße Zeit!

Fern steht nun diese sel'ge Welt,
Gram hat sich längst zu mir gesellt,
betrübt bin ich umhergegangen,
hab ich mich denn so schwer vergangen?
Kindlich berühr' ich deinen Saum,
erwecke mich aus diesem schweren Traum.

Darf nur ein Kind dein Antlitz schaun,
und deinem Beistand fest vertraun,
so löse doch des Alters Binde,
und mache mich zu deinem Kinde:
Die Kindeslieb und Kindestreu
wohnt mir von jener gold'nen Zeit noch bei.

Novalis (1772–1801)

Gegrüßet seist du, Maria

Gegrüßet seist du, Maria.
Du bist voll der Gnade; der Herr ist mit dir.
Du bist gebenedeit unter den Frauen,
und gebenedeit ist die Frucht deines Leibes, Jesus.

Heilige Maria, Mutter Gottes,
bitte für uns Sünder,
jetzt und in der Stunde unseres Todes.

Magnificat

Meine Seele preiset den Herrn,
und mein Geist freuet sich Gottes, meines Heilands;
denn er hat die Niedrigkeit seiner Magd angesehen.
Siehe, von nun an werden mich selig preisen alle Geschlechter,
denn er hat Großes an mir getan,
er, der da mächtig ist und dessen Name heilig ist.
Und seine Barmherzigkeit währet immer bei denen, die ihn fürchten.
Er übt Gewalt mit seinem Arm
und zerstreut, die hoffärtig sind in ihres Herzens Sinn.
Er stößt die Gewaltigen vom Stuhl
und erhebt die Niedrigen.
Die Hungrigen füllt er mit Gütern
und lässt die Reichen leer.
Er denkt der Barmherzigkeit
und hilft seinem Diener Israel wieder auf,
wie er geredet hat vor unseren Vätern,
Abraham und seinem Gefolge,
in Ewigkeit.

Lukas 1, 46–55

Der Engel des Herrn (Angelus)

Der Engel des Herrn brachte Maria die Botschaft,
und sie empfing vom Heiligen Geist.
Maria sprach: Siehe, ich bin eine Magd des Herrn,
mir geschehe nach deinem Worte.
Und das Wort ist Fleisch geworden
und hat unter uns gewohnt.
Bitte für uns, heilige Gottesmutter,
auf dass wir würdig werden
der Verheißungen Christi.

Lasset uns beten:
Gott, gieße deine Gnade in unsere Herzen ein.
Durch die Botschaft des Engels
haben wir die Menschwerdung Christi,
deines Sohnes, erkannt.
Führe uns durch sein Leiden und Kreuz
zur Herrlichkeit der Auferstehung.
Darum bitten wir durch Christus, unseren Herrn.
Amen.

Der Gottesmutter Lied

Gottesmutter Jungfrau, freue Dich!
Gesegnet bist Du unter den Frauen,
da Du den Erlöser geboren hast,
für unsere Seelen.

aus Russland

Gebet an die Jungfrau Maria

Allgnädige, mächtige, heilige Herrin,
reine Jungfrau, Gottesmutter Maria,
meine einzige Hoffnung.
Verabscheue mich nicht,
verstoße mich nicht,
verlasse mich nicht,
tritt nicht von mir zurück.
Schütze mich, bete, höre,
sieh, Herrin,
hilf, verzeih, verzeih,
du Reinste.

aus Russland

Maria, breit den Mantel aus

Maria, breit den Mantel aus,
mach Schirm und Schild für uns daraus,
lass uns darunter sicher stehn,
bis alle Stürm' vorübergehn.
Patronin voller Güte,
uns allezeit behüte.

Mutter des Herrn

O Mutter des Herrn,
sei bei mir, sei mit uns.
Ich widme dir, Heilige,
all meine Taten,
all mein Denken,
all mein Reden,
mein ganzes Leben.
Liebe Gottesmutter,
bewahre und beschütze mein Leben.
Amen.

aus Brasilien

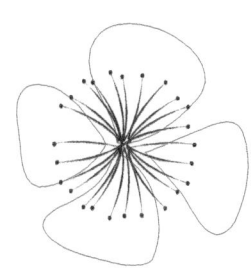

Maria, in der Not

Maria, in der Not
gewähr uns Trost und Brot.
Maria, in der Nacht
du halte bei mir Wacht.
Maria, voll der Güte,
uns allezeit behüte.

aus Deutschland, volkstümlich

Maria, Gnadenmutter

Wunderschön prächtige,
große und mächtige,
liebreich holdselige, himmlische Frau,
welcher auf ewiglich
kindlich verbinde mich,
ja mit Leib und Seel' gänzlich vertrau.
Billig mein Leben,
alles beyneben,
alles, ja alles, was immer ich bin,
geb ich mit Freuden, Maria, dir hin.

Weil du ganz makellos,
hat Gott dich Gnaden-Ros,
der himmlisch' Vater sein' Tochter genannt,
ja auch der göttlich' Sohn,
in seinem höchsten Thron
sich zu dir als Mutter bekannt,
endlich die Ehren
noch zu vermehren,
als dir als seiner erwählten Braut
Heiliger Geist sich dir selber vertraut.

Die Sonn begleitet dich,
es unterwirfet sich
zu deinen Füßen der silberne Mond,
kein Unvollkommenheit
mindert dein Herrlichkeit,
um dein Haupt machen die Sterne ein' Kron',
Alles, was lebet,
alles, was schwebet,
alles, was Himmel und Erde schränkt ein,
muss deiner Majestät untertan sein.

In diesem Jammertal
seufzen wir allzumal
zu dir, o Jungfrau, in Elend und Not,
Maria, du allein,
wollst unsre Mutter sein,
wenn die Seel' scheidet vom Leib der Tod,
wenn wir hinreisen,
tu uns erweisen
Gnad' und Barmherzigkeit bei deinem Thron,
bitt für uns Jesum, dein göttlichen Sohn.

Ludwig Achim von Arnim (1781–1831)

Mariä Himmelfahrt

Maria, holdes Wesen,
wie hoch bist du gestellt!
Vom Vater auserlesen
zur Schutzfrau seiner Welt,
vom Sohne traut geküsset,
o selig Mutterherz,
von Engeln hold gegrüßet,
getragen himmelwärts.

O du, die hoch erhoben
in Gottes Glorie steht,
wie sollte dich nicht loben,
was hier im Finstern geht?
Du bist so voll Erbarmen,
uns Sündern mild gesinnt
und hebst auf reinen Armen
empor das Gnadenkind.

O, möchten all' erkennen,
wie du so liebenswert,
dich kindlich Mutter nennen,
uns wäre viel beschert:
Recht innig sie zu grüßen,
die treue Mutterbrust,
würd' Herz an Herz sich schließen
in Kindes-Lieb' und -Lust.

Luise Hensel (1798–1876)

Mariengebete

Marienlied

Wenn ins Land die Wetter hängen
und der Mensch erschrocken steht,
wenden wie mit Glockenklängen
die Gewitter dein Gebet,
und wo aus den grauen Wogen
weinend auftaucht das Gefild,
segnest du's vom Regenbogen –
Mutter, ach, wie bist du mild!

Wenn's einst dunkelt auf den Gipfeln
und der kühle Abend sacht
niederrauschet in den Wipfeln:
O Maria, heil'ge Nacht!
Lass mich nimmer wie die andern,
decke zu der letzten Ruh
mütterlich den müden Wandrer
mit dem Sternenmantel zu.

Joseph von Eichendorff (1788–1857)

Maria wird genannt ein Thron und Gott's Gezelt

Maria wird genannt
ein Thron und Gott's Gezelt,
ein Arche, Burg, Turm, Haus,
ein Brunn, Baum, Garten, Spiegel,
ein Meer, ein Stern, der Mond,
die Morgenröt', ein Hügel.
Wie kann sie alles sein?
Sie ist ein and're Welt.

Angelus Silesius (1642–1677)

Haussegen

So hebe nun an und segne das Haus deines Knechtes,
dass es ewiglich Bestand habe;
denn du, Herr, hast es gesprochen,
und mit deinem Segen
wird das Haus deines Knechtes
gesegnet sein, ewiglich.

2 Samuel 7, 29

Der Herr erhöre dich in der Not

Der Herr erhöre dich in der Not,
der Name des Gottes Jakobs schütze dich!
Er sende dir Hilfe vom Heiligtum
und stärke dich aus Zion.
Er gedenke all deiner Speiseopfer,
und dein Brandopfer müsse vor ihm fett sein.
Er gebe dir, was dein Herz begehrt,
und erfülle alle deine Absichten.

Psalm 20, 2–5

Segensgebete

Gesegnet, dessen Zuversicht der Herr ist

Gesegnet aber ist der Mann,
der sich auf den Herrn verlässt
und dessen Zuversicht der Herr ist.
Der ist wie ein Baum,
am Wasser gepflanzt
und am Bach gewurzelt.
Denn ob eine Hitze kommt,
er fürchtet sich doch nicht,
seine Blätter bleiben grün.
Er sorgt sich nicht,
wenn ein dürres Jahr kommt,
sondern er bringt ohne Aufhören Früchte.

Jeremia 17, 7–8

Familiensegen

Der Herr denkt an uns und segnet uns,
er segnet das Haus Israel,
er segnet das Haus Aaron.
Er segnet, die den Herrn fürchten,
Kleine und Große.
Der Herr segne euch je mehr und mehr,
euch und eure Kinder.
Ihr seid die Gesegneten des Herrn,
der Himmel und Erde gemacht hat.

Psalm 115, 12–15

Selig sind, die da arm sind

Selig sind, die da arm sind;
denn ihnen gehört das Himmelreich.
Selig sind, die da Leid tragen;
denn sie sollen getröstet werden.
Selig sind die Sanftmütigen;
denn sie werden das Erdreich besitzen.
Selig sind, die da hungert und dürstet nach Gerechtigkeit;
denn sie sollen satt werden.
Selig sind die Barmherzigen;
denn sie werden Barmherzigkeit erlangen.
Selig sind, die reinen Herzens sind;
denn sie werden Gott schauen.
Selig sind die Friedfertigen;
denn sie werden Gottes Kinder heißen.
Selig sind, die um Gerechtigkeit willen verfolgt werden;
denn ihnen gehört das Himmelreich.

Matthäus 5, 3–10

Hoffnung

Der Gott aber der Hoffnung
erfülle euch mit aller Freude
und Frieden im Glauben,
dass ihr völlige Hoffnung habet
durch die Kraft des heiligen Geistes.

Römer 15, 13

Frieden

Den Frieden lasse ich euch,
meinen Frieden gebe ich euch,
nicht einen Frieden, wie ihn die Welt gibt.
Euer Herz erschrecke nicht und fürchte sich nicht.

Johannes 14, 27

Liebe

Euch aber vermehre der Herr
und lasse die Liebe völlig werden,
untereinander und gegen jedermann,
dass eure Herzen gestärkt werden
und ihr untadelig seid
in der Heiligkeit vor Gott, unserem Vater,
auf die Zukunft unseres Herrn Jesu Christi
mit allen seinen Heiligen.

1 Thessalonicher 3, 12–13

Segnet

Vergeltet nicht Böses mit Bösem
oder Kränkung mit Kränkung,
sondern dagegen segnet,
und wisset, dass ihr dazu berufen seid,
dass ihr den Segen erbet.

1 Petrus 3, 9

Sonne, segne den Tag

Sonne, segne den Tag.
Mond, segne die Nacht.
Wasser, segne die Erde.
Erde, segne das Leben.

Leben, segne mich.
Ich segne den Tag, die Nacht, die Erde und das Leben.

aus Marokko

Kindersegen

Dein Kind sei gesegnet:
Es gewinnt den Segen der Sonne,
es gewinnt den Segen des Mondes,
den Segen des Wachens und des Schlafs.

Dein Kind sei gesegnet:
Es gewinnt den Segen des Wassers,
es gewinnt den Segen des Wildes,
es gewinnt den Segen der Pflanzen,
den Segen des Lebens und der Erde.

Dein Kind sei gesegnet:
Es gewinnt den Segen der Freude,
es gewinnt den Segen der Leiden,
es gewinnt Freundschaft und Feindschaft,
dein Kind sei gesegnet,
es hat das Leben gewonnen.

aus Nordamerika

Haussegen

Gesegnet sei dieses Haus,
gesegnet seine Bewohner,
gesegnet seine Gäste,
die Willkommenen und die Unwillkommenen.

Möge Friede herrschen und Eintracht,
die Alten sollen die Jungen lieben,
die Jungen sollen die Alten ehren,
möge Friede herrschen und Eintracht.

aus Oman

Segne diese Erde

Heiliger Gott,
segne die Erde unter meinen Füßen.

Segne diese Erde mit Wasser,
dass die Saat gedeiht
und Wurzeln schlägt unter meinen Füßen.

Segne diese Erde mit deiner Kraft,
dass die Saat gedeiht
und meine Herde Nahrung findet.

Segne diese Erde mit deiner Liebe,
dass hier kein Unglück geschehe,
dass alles lebt und gedeiht
und so deiner Erde Kraft
auch in uns Kraft erwirkt.

aus Südafrika

Gott, segne dieses Kind

Gott, segne dieses Kind,
es hat Vater und Mutter,
es hat das Licht erblickt,
es ist durstig und hungrig,
es ist unschuldig und rein.

Gott, segne dieses Kind,
es hat eine große Familie,
es hat das Licht erblickt,
es ist nicht klug und nicht dumm,
es ist im Leben.

Gott, segne dieses Kind,
es ist mein Kind,
es hat das Licht erblickt,
es ist gesund und stark.

Gott, segne dieses Kind.

aus Namibia

Wohin ich immer gehe

Wohin ich immer gehe,
sei du, o Herr, bei mir.
Denn wo ich bin und stehe,
dein Segen sei mit mir.

Wo immer ist dein Segen,
o lass ihn bei mir sein,
ob Sonne oder Regen,
dein Segen bleibe mein.

Dein Segen, deine Liebe,
mein Herrgott, schenke mir,
und immer will dich preisen,
und ewig danken dir.

aus Oberbayern, um 1870

Mein Herz ist mit dir

Mein Herz ist mit dir,
wohin du auch gehst.
Dein Weg,
er liegt vor mir,
so, wie du ihn gehst.

Meine Kraft ist mit dir,
wohin du auch gehst.
Deine Kraft,
sie ist mit mir,
wohin du auch gehst.

Meine Augen sind mit dir,
wohin du auch gehst.
Ich begleite deinen Weg,
wohin du auch gehst.

Ich segne deinen Weg.

aus Marokko

Nachtgebet

Müde bin ich, geh' zur Ruh',
schließe beide Äuglein zu;
Vater, lass die Augen dein
über meinem Bette sein!

Hab' ich Unrecht heut' getan,
sieh es, lieber Gott, nicht an!
Deine Gnad' und Jesu Blut
macht ja allen Schaden gut.

Alle, die mir sind verwandt,
Gott, lass ruhn in deiner Hand!
Alle Menschen, groß und klein,
sollen dir befohlen sein.

Kranken Herzen sende Ruh',
nasse Augen schließe zu.
Lass den Mond am Himmel stehn
und die stille Welt besehn!

Luise Hensel (1798–1876)

Wenn die Sonne untergeht

Wenn die Sonne untergeht
und der Mond am Himmel steht,
mach' ich ruhig die Augen zu,
denn da oben wachst ja du.

aus Irland

Für die Familie

Lieber Gott, ich bin noch klein,
lass mich nicht alleine sein.

Mutter, Vater, Bruder, Schwester
sollen immer um mich sein,
lieber Gott, ich bin noch klein.

Lieber Gott, ich bitte dich,
behüte alle und auch mich.

aus England

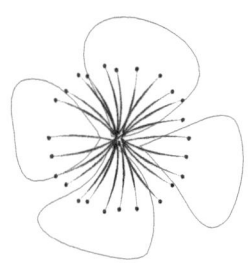

Ich bin nicht allein

Mein Vater beschützt mich,
meine Mutter beschützt mich,
mein Hund beschützt mich,
ich bin nicht allein.

Lieber Gott, sollst auch bei mir sein.

aus Portugal

Ich lerne

Ich lerne
vom Vater das Jagen,
von der Mutter das Lied,
von der Schwester das Malen
vom Bruder das Reiten,
von der Großmutter meine Geschichte.

Gott, mache, dass ich nichts vergesse,
so wie ich dich nie vergessen kann.

aus Nordamerika

Tischgebet

O Gott, von dem wir alles haben,
wir danken dir für diese Gaben.
Du speisest uns, weil du uns liebst,
und segnest das, was du uns gibst.

aus Deutschland

Morgengebet

Lieber Gott, ich bin noch klein,
lass mich dir empfohlen sein.
Lieber Gott, ich bitte dich,
behüte und beschütze mich.

aus Deutschland

Dankgebet

Lieber Gott,
ich danke dir für meine Mutter,
ich danke dir für meinen Vater,
ich danke dir für meine Schwester,
ich danke dir für meinen Bruder,
ich danke dir für meine Freunde,
ich danke dir für alle Pflanzen und Tiere.

Lieber Gott,
ich danke dir, dass ich auf dieser Welt sein darf.

aus England

Heute bin ich aufgewacht

Heute bin ich aufgewacht
nach einer langen, guten Nacht.
Gib mir einen guten Tag,
dass ich Gutes tun mag.

aus Deutschland

Ich bin klein

Ich bin klein,
mein Herz ist rein,
soll niemand drin wohnen
als Jesus allein.

aus Deutschland

Bei Nacht und bei Tag

Bei Nacht und bei Tag,
wann immer ich mag,
bin ich niemals allein,
wirst du bei mir sein.

Ich spreche mit dir
und du antwortest mir.
Ich bin niemals allein,
denn du wirst bei mir sein.

aus Irland

Meine Hände zum Himmel

Meine Hände zum Himmel,
meine Augen zum Boden,
gedenke ich dein.

Mit der Liebe im Herzen
und der Wahrheit im Kopfe
sollst du bei mir sein.

aus Namibia

Ich glaube

Ich glaube, dass du mich siehst.
Ich glaube, dass du mir vorausgehst.
Ich glaube, dass du mich beschützt.
Ich glaube, dass du mich verstehst.

Du bist bei mir.

aus China

O Friede!

O Friede, der nun alles füllet,
erfüll auch uns mit süßer Ruh,
und bis ein Tag sich neu enthüllet,
deck uns mit trauten Träumen zu.

Wie manches, was des Tages Wille
mit rechter Klarheit nicht ergreift,
dem hilf, dass es in deiner Stille
zu freundlicher Vollendung reift.

Wen Schicksalsschläge grausam trafen,
den tröste des, was ihm geschehn;
wer neid- und hasserfüllt entschlafen,
den lass versöhnt den Morgen sehn.

So allem, dem gleich uns auf Erden
zuteil des Lebens schwankes Los,
lass deines Segens Tiefe werden,
gib Kraft aus deinem heil'gen Schoß!

Christian Morgenstern (1871–1914)

Gebete berühmter Dichter

Dein unbekannter Gott

Noch einmal, eh' ich weiter ziehe
und meine Blicke vorwärts sende,
heb' ich vereinsamt meine Hände
zu dir empor, zu dem ich fliehe,
dem ich in tiefster Herzenstiefe
Altäre feierlich geweiht,
dass allezeit
mich deine Stimme wieder riefe.

Darauf erglüht tiefeingeschrieben
das Wort: dem unbekannten Gotte.
Sein bin ich, ob ich in der Frevler Rotte
auch bis zur Stunde bin geblieben:
Sein bin ich – und ich fühl' die Schlingen,
die mich im Kampf darniederziehn
und, mag ich fliehn,
mich doch zu seinem Dienste zwingen.

Ich will dich kennen, Unbekannter,
du tief in meine Seele Greifender,
mein Leben wie im Sturm Durchschweifender,
du Unfassbarer, mir Verwandter!
Ich will dich kennen, selbst dir dienen.

Friedrich Nietzsche (1844–1900)

Nun ruhen alle Wälder

Nun ruhen alle Wälder,
Vieh, Menschen, Städt' und Felder,
es schläft die ganze Welt.
Ihr aber, meine Sinnen,
auf, auf, ihr sollt beginnen,
was eurem Schöpfer wohlgefällt.

Wo bist du, Sonne, blieben?
Die Nacht hat dich vertrieben,
die Nacht, des Tages Feind.
Fahr hin, ein' andre Sonne,
mein Jesus, meine Wonne,
gar hell in meinem Herzen scheint.

Der Tag ist nun vergangen,
die güldnen Sternlein prangen
am blauen Himmelssaal;
So, so werd' ich auch stehen,
wenn mich wird heißen gehen
mein Gott aus diesem Jammertal.

Der Leib eilt nun zur Ruhe,
legt ab das Kleid und Schuhe,
das Bild der Sterblichkeit;
die zieh' ich aus, dagegen
wird Christus mir anlegen
den Rock der Ehr' und Herrlichkeit.

Das Haupt, die Füß' und Hände
sind froh, dass nun zu Ende
die Arbeit kommen sei;
Herz, freu dich, du sollst werden
vom Elend dieser Erden
und von der Sünden Arbeit frei.

Nun geht ihr matten Glieder,
geht, geht und legt euch nieder,
der Betten ihr begehrt.
Es kommen Stund' und Zeiten,
da man euch wird bereiten
zur Ruh' ein Bettlein in der Erd.

Mein' Augen stehn verdrossen,
im Hui sind sie geschlossen,
wo bleibt denn Leib und Seel'?
Nimm sie zu deinen Gnaden,
sei gut für allen Schaden,
du Aug' und Wächter Israel!

Breit aus die Flügel beide,
o Jesu, meine Freude,
und nimm dein Küchlein ein!
Will Satan mich verschlingen,
so lass die Englein singen:
Dies Kind soll unverletzet sein!

Auch euch, ihr meine Lieben,
soll heute nicht betrüben
kein Unfall, nicht Gefahr.
Gott lass euch ruhig schlafen,
stellt euch die güldnen Waffen
ums Bett und seiner Helden Schar.

Paul Gerhard (1607–1676)

Wandrers Nachtlied

Der du von dem Himmel bist,
alles Leid und Schmerzen stillest,
den, der doppelt elend ist,
doppelt mit Erquickung füllest,
ach, ich bin des Treibens müde!
Was soll all der Schmerz und Lust?
Süßer Friede,
komm, ach komm in meine Brust!

Johann Wolfgang von Goethe (1749–1832)

Dein ist mein Herz

Dein ist mein Herz,
mein Schmerz dein eigen
und alle Freuden, die es sprengen;
dein ist der Wald,
mit allen Zweigen,
den Blüten allen und Gesängen.
Dein ist mein Herz,
mein Schmerz dein eigen,
das Liebste, was ich mag erbeuten
mit Liedern die mein Herz entführten,
ist mir ein Wort dass sie dich freuten,
ein stummer Blick,
dass sie dich rührten.

Nikolaus Lenau (1802–1850)

Gebete berühmter Dichter

Am vierten Sonntage nach Ostern

Und ob auch Öde mich umgibt,
ob mich erstickt der Nebel fast,
mir Wirbelsand die Augen trübt,
doch weiß ich, dass mein Sinn dich fasst,
dass er dich liebt,
und dass du mich gesendet hast.

Den Lebenshauch halt ich von dir,
unsterblich hast du mich gemacht;
nicht Glut, nicht Dürre schadet mir.
Ich weiß, ich bin in deiner Wacht
und muss ich hier
auch stehn wie ein Prophet der Nacht.

Ich hebe meine Stimme laut,
ein Wüstenherold für die Not:
Wacht auf, ihr Träumer, aufgeschaut!
Am Himmel steigt das Morgenrot.
Nur aufgeschaut!
Nur nicht zurück, dort steht der Tod!

Nur aufgeschaut, nur nicht zurück!
Lasst Menschenweisheit hinter euch!
Sie ist der Tod; ihr schnödes Glück
ist übertünchtem Grabe gleich.
O hebt den Blick!
Der Himmel ist so mild und reich.

Annette von Droste-Hülshoff (1797–1848)

Abendlied

Der Mond ist aufgegangen,
die goldnen Sternlein prangen
am Himmel hell und klar;
der Wald steht schwarz und schweiget,
und aus den Wiesen steiget
der weiße Nebel wunderbar.

Wie ist die Welt so stille
und in der Dämmrung Hülle
so traulich und so hold!
Als eine stille Kammer,
wo ihr des Tages Jammer
verschlafen und vergessen sollt.

Seht ihr den Mond dort stehen?
Er ist nur halb zu sehen
und ist doch rund und schön!
So sind wohl manche Sachen,
die wir getrost belachen,
weil unsre Augen sie nicht sehn.

Wir stolze Menschenkinder
sind eitel arme Sünder
und wissen gar nicht viel;
wir spinnen Luftgespinste
und suchen viele Künste
und kommen weiter von dem Ziel.

Gebete berühmter Dichter

Gott, lass uns dein Heil schauen,
auf nichts Vergänglich's trauen,
nicht Eitelkeit uns freun!
Lass uns einfältig werden
und vor dir hier auf Erden
wie Kinder fromm und fröhlich sein!

Wollst endlich sonder Grämen
aus dieser Welt uns nehmen
durch einen sanften Tod!
und, wenn du uns genommen,
lass uns in Himmel kommen,
du, unser Herr und unser Gott!

So legt euch denn, ihr Brüder,
in Gottes Namen nieder;
kalt ist der Abendhauch.
Verschon uns, Gott, mit Strafen,
und lass uns ruhig schlafen
und unsern kranken Nachbar auch!

Matthias Claudius (1740–1815)

Gebet

O, lass mir die Welt der Erscheinungen steh'n,
sie ist so schön.
O, lass mich die Sonne immer seh'n,
die Bäume und der Blätter Weh'n,
die Blumen, die auf Erden steh'n,
die Sterne in den lichten Höh'n.
O, lass mir das Licht, das herrliche Licht,
ein anderes Glück begehr' ich nicht.

Du gabst's jedem Wurme, den Wesen all,
auf jedem Erd- und Sonnenball.
O, schließe mich nicht, nicht mich grade aus,
aus deines Lichtes glücklichem Haus,
o, lass mich die Sonne immer seh'n,
die Berge und die grünen Seen,
die Bäume und der Blätter Weh'n,
die Blumen, die auf Erden steh'n.

Friederike Kempner (1836–1904)

Wenn alle untreu werden

Wenn alle untreu werden,
so bleib' ich dir doch treu;
dass Dankbarkeit auf Erden
nicht ausgestorben sei.
Für mich umfing dich Leiden,
vergingst für mich in Schmerz;
drum geb ich dir mit Freuden
auf ewig dieses Herz.

Oft muss ich bitter weinen,
dass du gestorben bist,
und mancher von den Deinen
dich lebenslang vergisst.
Von Liebe nur durchdrungen,
hast du so viel getan,
und doch bist du verklungen,
und keiner denkt daran.

Du stehst voll treuer Liebe
noch immer jedem bei;
und wenn dir keiner bliebe,
so bleibst du dennoch treu;
die treuste Liebe sieget,
am Ende fühlt man sie,
weint bitterlich und schmieget
sich kindlich an dein Knie.

Ich habe dich empfunden,
o, lasse nicht von mir;
lass innig mich verbunden
auf ewig sein mit dir.
Einst schauen meine Brüder
auch wieder himmelwärts,
und sinken liebend nieder
und fallen dir ans Herz.

Novalis (1772–1801)

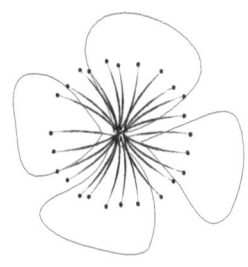

Preis des Schöpfers

Wenn ich, o Schöpfer! deine Macht,
die Weisheit deiner Wege,
die Liebe, die für alle wacht,
anbetend überlege:
So weiß ich, von Bewund'rung voll,
nicht, wie ich dich erheben soll,
mein Gott, mein Herr und Vater!

Mein Auge sieht, wohin es blickt,
die Wunder deiner Werke.
Der Himmel, prächtig ausgeschmückt,
preist dich, du Gott der Stärke!
Wer hat die Sonn' an ihm erhöht?
Wer kleidet sie mit Majestät?
Wer ruft dem Heer der Sterne?

Wer misst dem Winde seinen Lauf?
Wer heißt die Himmel regnen?
Wer schließt den Schoß der Erde auf,
mit Vorrat uns zu segnen?
O Gott der Macht und Herrlichkeit!
Gott, deine Güte reicht so weit,
so weit die Wolken reichen!

Dich predigt Sonnenschein und Sturm,
dich preist der Sand am Meere.
Bringt, ruft auch der geringste Wurm,
bringt meinem Schöpfer Ehre!
Mich, ruft der Baum in seiner Pracht,
mich, ruft die Saat, hat Gott gemacht;
bringt unserm Schöpfer Ehre!

Der Mensch, ein Leib, den deine Hand
so wunderbar bereitet;
der Mensch, ein Geist, den sein Verstand
dich zu erkennen leitet;
der Mensch, der Schöpfung Ruhm und Preis,
ist sich ein täglicher Beweis
von deiner Güt' und Größe.

Erheb ihn ewig, o mein Geist!
Erhebe seinen Namen!
Gott, unser Vater, sei gepreist,
und alle Welt sag Amen!
Und alle Welt fürcht ihren Herrn,
und hoff' auf ihn und dien ihm gern!
Wer wollte Gott nicht dienen?

Christian Fürchtegott Gellert (1715–1769)

Wenn ich ihn nur habe

Wenn ich ihn nur habe,
wenn er mein nur ist,
wenn mein Herz bis hin zum Grabe
seine Treue nie vergisst:
weiß ich nichts von Leide,
fühle nichts als Andacht, Lieb' und Freude.

Wenn ich ihn nur habe,
lass ich alles gern,
folg' an meinem Wanderstabe
treugesinnt nur meinem Herrn;
lasse still die andern
breite, lichte, volle Straßen wandern.

Wenn ich ihn nur habe,
schlaf' ich fröhlich ein,
ewig wird zu süßer Labe
seines Herzens Flut mir sein,
die mit sanftem Zwingen
alles wird erweichen und durchdringen.

Gebete berühmter Dichter

Wenn ich ihn nur habe,
hab' ich auch die Welt;
selig, wie ein Himmelsknabe,
der der Jungfrau Schleier hält.
hingesenkt im Schauen
kann mir vor dem Irdischen nicht grauen.

Wo ich ihn nur habe,
ist mein Vaterland
und es fällt mir jede Gabe
wie ein Erbteil in die Hand:
längst vermisste Brüder
find' ich nun in seinen Jüngern wieder.

Novalis (1772–1801)

Gott

Der du erschufst die Welt,
ohne ihrer zu bedürfen,
erschaffen hast du sie
nach deiner Lieb' Entwürfen,
nach deiner Weisheit Plan,
dem Zwecke deiner Macht,
und kein Nachdenken denkt,
was du hast vorgedacht.

Du bist der Nächte Licht
und bist des Tages Schatten,
lass mich verzagen nicht
und lass mich nicht ermatten.
O, der du bist mein Licht
und bist mein Schatten du,
ich flüchte meinem Licht
und meinem Schatten zu.

Gar viele Wege gehen zu Gott -
auch deiner geht zu Gott,
geh ihn getrost
mit Preisen und Gebet.

Und lass dich nicht darin
von denen irre machen,
die andere Wege gehn,
und mach nicht irr die Schwachen.
Wer mit auf meinem Weg will geh'n,
der sei willkommen,
und geh' ich auch allein,
doch geh' ich unbeklommen.

Gebete berühmter Dichter

Ich preise dich, mein Gott,
und will dich ewig preisen,
du ew'ger Mittelpunkt
in allen Lebenskreisen.
Im Raume stehst du nicht,
Raum steht und Zeit in dir,
in allem, was dich fühlt,
stehst du, und stehst in mir.

Dich fühlt das Menschenherz,
das stolze, nicht allein,
dich fühlt das Tier,
dich fühlt die Pflanze, fühlt der Stein.
Sie alle haben stumm
ihr Loblied angestimmt,
das du nicht überhörst,
da es mein Ohr vernimmt.

Dich preisen kommen sie
und geh'n dich preisend wieder,
die Schöpfung wacht in dir
und legt in dir sich nieder.
Herr, deine Welt ist schön,
Herr, deine Welt ist gut;
gib mir nur hellen Sinn,
gib mir frohen Mut!

Ich fühle, dass ich bin,
ich fühle, dass du bist,
und dass mein Sein
von dir ein sel'ger Abglanz ist.
Ich blühe wie ein Blum'
und wachse wie der Baum,
in meiner Jahreszeit,
in meinem Gartenraum.

Zur reinsten Blüte will
ich meine Lust entfalten,
und meine Schmerzen selbst
zu Wonne umgestalten.
Ich fühle Sommerlust,
ich fühle Winterschauer,
und einen Schauder, dass
ich bin von kurzer Dauer.

Ich steh' in Gottes Hand
und ruh' in Gottes Schoß,
vor ihm fühl' ich mich klein,
mit ihm fühl' ich mich groß:
Den wir am Anfang, den
wir seh'n am Ende steh'n,
von dem wir kommen und
zu dem wir alle gehen.

Friedrich Rückert (1788–1866)

Gebet

Gib Liebe mir und einen frohen Mund,
dass ich dich, Herr der Erde, tue kund,
Gesundheit gib bei sorgenfreiem Gut,
ein frommes Herz und einen festen Mut;
gib Kinder mir, die aller Mühe wert,
verscheuch die Feinde von dem trauten Herd,
gib Flügel dann und einen Hügel Sand,
den Hügel Sand im lieben Vaterland,
die Flügel schenk dem abschiedsschweren Geist,
dass er sich leicht der schönen Welt entreißt.

Ludwig Achim von Arnim (1781–1831)

Ich bau allein auf Felsenstein

Wie still, behutsam geht
ein Kind des Lichts im Dunkeln
und lehnt sich stützenlos
auf seinen Freund allein.
Geh hin, Versicherter,
in deines Lichtes Funkeln,
heut stehst du wie ein Held,
liegst morgen wohl in Pein.
Licht und Gefühl sind schön,
doch Blümlein, die verwehen,
nur Gott und Glaube selbst
unwankelbar bestehen.

Gerhard Tersteegen (1697–1769)

Gebete berühmter Dichter

Deine Sonne, Herr des Himmels

Deine Sonne, Herr des Himmels,
schmilzt den Schnee von deinen Bergen,
bricht mit rosiger Verklärung
durch der Nebel düstern Schleier,
trägt den milden Hauch des Tages
siegend aus dem Kampf der Nacht.

Deine Sonne, güt'ger Vater,
lockt die Knospe aus dem Kelche,
taucht die jungfräulichen Blätter
in das zarte Rot der Sehnsucht,
küsst des Taues Tränenperle
lächelnd aus dem Blütenkelch.

O, so führe deine Liebe
Aus der Nebel düst'rem Schatten
mir herauf den gold'nen Morgen,
locke meines Herzens Keime,
küsse mir vom matten Auge
meiner Sehnsucht Träne ab.

Oder pflanze mir die Rosen
schattend über meinem Hügel,
dass der Blütendorn der Liebe,
der den Lebenden verwundet,
fest verzweigt mit der Zypresse
doch den Toten kühlen muss.

Theodor Körner (1791–1813)

Gebet

Liebe Nacht! Auf Berg und Wiese
ruhst du, stille Trösterin.
An dem Saume deines Mantels
leg ich all mein Wünschen hin.

Liebe Nacht! An deinen Brüsten,
Mutter aller Frömmigkeit,
ruhe meine Unrast, schlafe
all mein Sehnen und mein Leid.

Liebe Nacht! O wiege, wiege
dieses Herzens Drängen ein!
Lass mich still wie du, gelassen,
und umfassend lass mich sein.

Otto Julius Bierbaum (1865–1910)

Gebet

Herr! schicke, was du willt,
ein Liebes oder Leides;
ich bin vergnügt, dass beides
aus deinen Händen quillt.
Wollest mit Freuden
und wollest mit Leiden
mich nicht überschütten!
Doch in der Mitten
liegt holdes Bescheiden.

Eduard Mörike (1804–1875)

Stille der Nacht

Willkommen, klare Sommernacht,
die auf betauten Fluren liegt!
Gegrüßt mir, gold'ne Sternenpracht,
die spielend sich im Weltraum wiegt!

Das Urgebirge um mich her
ist schweigend wie mein Nachtgebet;
weit hinter ihm hör' ich das Meer
im Geist und wie die Brandung geht.

Ich höre einen Flötenton,
den mir die Luft von Westen bringt,
indes herauf im Osten schon
des Tages leise Ahnung dringt.

Ich sinne, wo in weiter Welt
jetzt sterben mag ein Menschenkind -
und ob vielleicht den Einzug hält
das vielersehnte Heldenkind.

Doch wie im dunklen Erdental
ein unergründlich Schweigen ruht,
ich fühle mich so leicht zumal
und wie die Welt so still und gut.

Der letzte leise Schmerz und Spott
verschwindet aus des Herzens Grund:
Es ist, als tät der alte Gott
mir endlich seinen Namen kund.

Gottfried Keller (1819–1890)

Gott, der im hohen Himmel wohnet

Gott, der im hohen Himmel wohnet
und uns, uns Asche, Kinder nennt,
der über Kron' und Szepter thronet
und doch für Staub vor Liebe brennt,
ich nenn dich den Herrn und sinke
voll Ehrfurcht auf mein Angesicht
und bete: Vater, Vater, winke
den Szepter mir zur Zuversicht.

Dein Name, den das Heer der Himmel
mit Zittern dreimal heilig preist,
dem jauchze aller Welt Getümmel:
Verehrt sei Vater, Sohn und Geist.
Dein Reich der Himmel senke nieder,
und Segen ströme deine Hand.
So kommt uns güldne Ruhe wieder,
und unsre Welt wird Gottes Land.

Dein Wink gebeut dort Seraphinen
vor dir; er will, und es geschicht:
So lass dir, Gott, die Völker dienen,
du willst das Beste stets, wir nicht.
Speis uns mit Früchten deiner Güte,
dein Gnadentau sei unser Trank.
Dem Menschen preis ihn eu'r Gemüte,
und Himmel hören euren Dank.

Vergib die Schuld uns schwachen Armen.
Wir fehlten, sündigten nicht gern.
Sieh, wir vergeben mit Erbarmen
die Schulden unsern Schuldigern.
Da lau'rt der Feind, lass ihn nicht siegen.
Gib Kraft uns, wenn er uns versucht.
Lehr unsre schwachen Arme kriegen,
und Lorbeer sei des Sieges Frucht.

Einst reiß aus allen Unglückswellen
uns deine Rechte! Hoch hervor,
wo keine Laurer nach uns stellen,
dahin steigt unser Wunsch empor.
Sprich Ja! und alle Himmel neigen
sich deiner Ehre weit und breit.
Dein, Herr, ist Reich und Kraft! Wir schweigen,
singt, Engel, Gottes Herrlichkeit.

Johann Gottfried Herder (1744–1803)

Trost auf Gott

Gott, du bist meine Zuversicht,
mein Schirm und meine Waffen,
du hast den heil'gen Trieb nach Licht
und Recht in mir geschaffen.
Du großer Gott
in Not und Tod
ich will an dir mich halten,
du wirst es wohl verwalten.

Und wenn die schwarze Hölle sich
mit ihrem Gift ergösse
und trotziglich und mörderlich
durch alle Länder flösse,
Gott bleibt mein Mut,
Gott macht es gut
im Tode und im Leben:
Mein Recht wird oben schweben.

Und wenn die Welt in Finsternis
und Unheil sich versenkte,
mir steht das feste Wort gewiss,
das Ewigkeiten lenkte.
Das alte Wort
bleibt doch mein Hort:
Wieviel auch Teufel trügen,
die Guten sollen siegen!

Gebete berühmter Dichter

O großes Wort, o fester Stahl,
o Harnisch sondergleichen,
was Gott versprach, was Gott befahl,
das lässt mich nicht erbleichen.
Die stolze Pflicht
erzittert nicht,
mag Land und Meer vergehen,
sie wird mit Gott bestehen.

Drum walt' es Gott, der alles kann,
der Vater in den Höhen,
er ist der rechte Held und Mann
und wird es wohl verstehen.
Wer Gott vertraut,
hat wohl gebaut
im Tode und im Leben:
Sein Recht wird oben schweben.

Ernst Moritz Arndt (1769–1860)

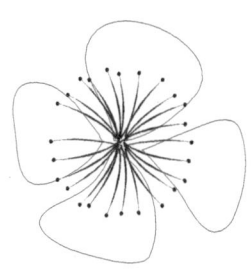

Jesusgebet

Ich glaub' an dich, du höchster Geist,
der Liebe ist und Liebe heißt,
der ganz aus Gott geboren ist,
ich glaub an dich, Herr Jesus Christ.

Ich glaub' an dich, du klarster Geist,
der mir den Weg zum Himmel weist,
auf grader Bahn zum hellsten Ziel
aus diesem trüben Erdenspiel.

Du reinster Abglanz reinsten Lichts,
o leuchte durch die Nacht des Nichts,
durch ihrer Wirren Lügenschein
mir himmelwärts und himmelein.

Du mein Woher und mein Wohin,
was ich gewesen, was ich bin,
was ich durch dich, mein Heil, soll sein,
das leuchte mir ins Herz hinein.

Dann bin ich bei dir und in dir,
dann hab' ich schon den Himmel hier:
Es lebt, umstrahlt von sel'gem Licht,
wer Jesus Christ im Glauben spricht.

Ernst Moritz Arndt (1769–1860)

Gebete berühmter Dichter

Gott ist die Sonne

Gott ist die Sonne,
ich ein Strählchen seines Lichts;
trenn' ich von ihm mich ab,
bin ich ein finstres Nichts,
halt' ich mich stets an ihn,
so wird mir Licht und Leben
und alle Tugenden
sein stiller Einfluss geben.

Gerhard Tersteegen (1697–1769)

Herr, deine Macht ist Allmacht

Herr, deine Macht ist Allmacht ja,
durch deinen Will'n steht alles da,
es steht, es geht nach deinen Winken.
Hör's, hoher Geist, hör's starker Mann,
Gott schafft's, wenn man was Rechtes kann,
sonst müsst dein' Macht in Ohnmacht sinken!
Ich lass mich dir; Herr, deine Macht
in meiner Schwachheit werd' vollbracht!
Halleluja! Halleluja!

Gerhard Tersteegen (1697–1769)

Morgenlied

Herr Himmels und der Erden,
der du lässt Tage werden,
Gott Vater, Sohn und Geist,
der uns bisher erhalten,
woll' stetig ob uns walten,
und ewig sein gepreist!

Wir danken dir von Herzen,
dass du, o Gott, vor Schmerzen,
vor Jammer, Angst und Not
uns diese Nacht bewahret
und uns gesund gesparet
im Schlaf, dem halben Tod.

Die Finsternis der Sünden
lass mit dem Tag verschwinden,
mach deine Gnade neu!
Weil nun die Hahnen krähen,
so lassen wir auch sehen
mit Petro wahre Reu'.

Gib, dass ich diesen Morgen,
die Seele zu versorgen,
des Bösen müßig geh',
und wenn heut' sollte kommen
der Hoffnungstag der Frommen,
vor dir mit Freuden steh'.

Gebete berühmter Dichter

O Gott, dir ich befehle
den Leib und auch die Seele,
mein Hab', Sinn und Verstand.
Durch deine Gnad' und Güte
mich allezeit behüte
samt dieser Stadt und Land.

Dein' Engel zu mir sende,
dass ihre Hand abwende,
was Seel' und Leib versehrt.
Lass meine Sünd' versöhnen,
gleich wie des Taues Tränen
der Sonnen Glanz verzehrt.

Georg Philipp Harsdörffer (1607–1658)

Herr, wenn ich dich nur habe

Man mag mir geben oder nehmen,
mich ehren oder mich beschämen,
man mag mich lieben oder nicht,
es sei mir finster oder licht,
ich sei betrübt, ich sei in Freuden,
in Angenehmheit oder Leiden –
hab' ich nur Gott, so bin ich still
und habe, was ich haben will.

Gerhard Tersteegen (1697–1769)

Zur Jahreswende

Herr, ein Jahr ist vergangen,
ein neues beginnt.
Das Jahr war gut,
denn wir sind noch am Leben.
Wir haben gehungert,
die Dürre hat uns viele Tiere genommen,
aber wir sind noch am Leben.
Herr, es war ein gutes Jahr!
Gib uns ein gleiches.
Gib uns ein gleiches.
Gib uns ein gleiches.
Und lass dein Land durch Wasser erblühen,
wenn du es wünschst.

aus Afrika

Zum neuen Jahre

Wie heimlicherweise
ein Englein leise
mit rosigen Füßen
die Erde betritt,
so nahte der Morgen.
Jauchzet ihm, ihr Frommen,
ein heilig Willkommen,
ein heilig Willkommen,
Herz, jauchze du mit.

In ihm sei's begonnen,
der Monde und Sonnen
an blauen Gezelten
des Himmels bewegt.
Du, Vater, du rate,
lenke du und wende,
Herr, dir in die Hände
sei Anfang und Ende,
sei alles gelegt!

Eduard Mörike (1804–1875)

Ostergebet

O Heiligster, größtes Licht, Jesus Christus,
durch deine Auferstehung scheinst du für alle Welt
heller als die Sonne.
An diesem hellsten und ehrenvollsten und erlösenden Tag
des heiligen Osterfestes
freuen sich alle Engel am Himmel
und jede Kreatur auf der Erde.
Jeder Atemzug verehrt dich, den Schöpfer.
Heute öffnen sich die Himmelspforten,
und alle Toten in der Hölle
sind durch deine Auferstehung gerettet.
Heute ist alles von Licht erfüllt,
Himmel, Erde und Hölle.
Dein Licht kommt in unsere düsteren Seelen nieder
und erleuchtet unser Dunkel der Sünde,
damit auch wir strahlen wie neue Geschöpfe
mit dem Licht der Wahrheit und der Reinheit
an diesem hellsten Tag deiner Auferstehung.
Und so von dir erleuchtet begegnen wir dir,
aus dem Grabe auferstanden, wie ein Bräutigam.
Und so wie du die heiligen Jungfrauen,
die zu deinem Grabe gekommen sind,
mit deiner Erscheinung erfreutest,
so erleuchte heute die tiefe Nacht unserer Leidenschaften
und erhelle sie mit dem Morgenlicht der Reinheit.

Und erblicken wir dich mit Herzensaugen,
schöner als die Sonne,
den Bräutigam,
und so erhören wir Deine Stimme:
Freuet euch!
Und so verkosten wir die göttliche Freude
des heiligen Osterfestes noch hier auf der Erde,
und nehmen teil an deinem ewigen großen Osterfest am Himmel,
am abendlosen Tag deiner Herrschaft.
Da entsteht eine unsagbare Freude
und ein endloses Jubilieren
aus dem Anblick der unaussprechlichen Güte deines Antlitzes.
Weil du unser wahres Licht bist,
durchdringst und erleuchtest du jeden,
du, Christus, unser Gott,
so steht dir Ehre zu in Ewigkeit,
Amen.

aus Russland

Osterlied

Das Grab ist leer, das Grab ist leer!
Erstanden ist der Held!
Das Leben ist des Todes Herr,
gerettet ist die Welt!

Die Schriftgelehrten hatten Müh',
und wollten Weise sein,
sie hüteten das Grab, und sie
versiegelten den Stein.

Doch ihre Weisheit, ihre List
zu Spott und Schande ward,
denn Gottes Weisheit höher ist,
und einer andern Art.

Sie kannten nicht den Weg, den Gott
in seinen Werken geht,
und dass nach Marter und nach Tod
das Leben aufersteht.

Gott gab der Welt, wie Moses lehrt,
im Paradies sein Wort,
und seitdem ging es ungestört
im stillen heimlich fort.

Bis dass die Zeit erfüllet war,
die Himmel feierten schon,
da kam's zutage, da gebar
die Jungfrau ihren Sohn,

den Seligmacher. Hoch und hehr,
und Gottes Wesens voll,
ging er in Knechtsgestalt einher,
tat Wunder und tat wohl,

und ward verachtet und verkannt,
gemartert und verklagt,
und starb am Kreuz durch Menschenhand,
wie er vorhergesagt,

und ward begraben und beweint,
als sei er tot, allein
er lebt, nun Gott und Mensch vereint,
und alle Macht ist sein.

Halleluja! Das Grab ist leer!
Gerettet ist die Welt,
das Leben ist des Todes Herr!
Erstanden ist der Held!

Matthias Claudius (1740–1815)

Freu dich, du Himmelskönigin

Freu dich, du Himmelskönigin, Halleluja,
denn der, den du zu tragen würdig warst, Halleluja,
er ist auferstanden, so wie er es gesagt hat, Halleluja.
Bitt Gott für uns, Maria, Halleluja.
Freu dich und frohlocke, Jungfrau Maria, Halleluja,
denn der Herr ist wahrhaftig auferstanden, Halleluja.

Lasset uns beten:
Gott, durch die Auferstehung deines Sohnes,
unseres Herrn Jesus Christus,
hast du die Welt erfreuen wollen.
Wir bitten dich,
lass uns durch seine Mutter,
die Jungfrau Maria,
die Freuden des ewigen Lebens erlangen.
Darum bitten wir,
durch Christus, unseren Herrn.
Amen.

Erntedank

Nun danket alle Gott
mit Herzen, Mund und Händen,
der große Dinge tut
an uns und allen Enden,
der uns von Mutterleib
und Kindesbeinen an
unzählig viel zu gut
und noch jetzund getan.

Der ewig reiche Gott
woll uns bei unserm Leben
ein immer fröhlich Herz
und edlen Frieden geben
und uns in seiner Gnad
erhalten fort und fort
und uns aus aller Not
erlösen hier und dort.

Lob, Ehr und Preis sei Gott,
dem Vater und dem Sohne,
und dem, der beiden gleich
im höchsten Himmelsthrone,
dem einig höchsten Gott,
als er anfänglich war
und ist und bleiben wird,
jetzt und immerdar.

Martin Rinckart (1586–1649)

Weihnachten

Gelobet seist du, Jesu Christ,
dass du Mensch geboren bist
von einer Jungfrau, das ist wahr,
des freuet sich der Engel Schar.
Kyrieleis.

Des ew'gen Vaters einig Kind
jetzt man in der Krippen findt,
in unser armes Fleisch und Blut
verkleidet sich das ewige Gut.
Kyrieleis.

Den aller Welt Kreis nie beschloss,
der liegt in Marien Schoß,
er ist ein Kindlein worden klein,
der alle Ding erhält allein.
Kyrieleis.

Gebete zu den Feiertagen

Das ewige Licht geht da herein,
gibt der Welt ein' neuen Schein,
es leucht wohl mitten in der Nacht
und uns des Lichtes Kinder macht.
Kyrieleis.

Er ist auf Erden kommen arm,
dass er unser sich erbarm
und in dem Himmel mache reich
und seinen lieben Engeln gleich.
Kyrieleis.

Das hat er alles uns getan,
sein groß Lieb zu zeigen an.
Des freu' sich alle Christenheit
und dank' ihm des in Ewigkeit.
Kyrieleis.

Martin Luther (1483–1546)

Weihnachten

Es kommt ein Schiff, geladen
bis an sein' höchsten Bord,
trägt Gottes Sohn voll Gnaden,
des Vaters ewigs Wort.

Das Schiff steht still im Hafen,
es trägt ein teure Last;
das Segel ist die Liebe,
der Heil'ge Geist der Mast.

Das Schiff kam zu den Menschen
aus Gottes eig'ner Hand,
hat Himmel aufgeschlossen,
den Sohn zu uns gesandt.

Zu Bethlehem geboren,
frei unterm Himmelszelt,
gab sich für uns verloren
ein Kind – der Herr der Welt.

frei nach J. Tauler und D. Sudermann

Dankgebet zum Geburtstag

Geboren wurde ich unter den Sternen,
dort werde ich eines Tages auch sterben.
Jeder Tag ist mein Tag,
ich danke Gott für den Tag.

Ich danke Gott für den Tag,
ich danke Gott für das Jahr.

Mit jedem Jahr erringe ich Reichtum,
Reichtum an Alter
und Reichtum an Weisheit.

Ich danke Gott für das Jahr,
ich danke Gott für alle Jahre.

Ich danke Gott für diesen Tag,
ich wachse an Alter
und wachse an Weisheit.

Ich danke Gott für den Tag,
ich danke Gott für jedes Jahr,
für alle Jahre.

aus Nordamerika (Gebet der Sioux)

Sieben Zweige

Zuflucht

Bis ich die Essenz der Erleuchtung erlange,
nehme ich meine Zuflucht zum Buddha,
zur heiligen Lehre
und zur höchsten Gemeinschaft.
Meine Hände am Herzen,
erhebe ich mein Gebet zu den barmherzigen Buddhas
und Bodhisattvas aller Himmelsrichtungen.

1. Verneigung

Vor den Buddhas und ihren noblen Söhnen und vor all denen, die der
Verneigung würdig sind, verneige ich mich in großer Ehrfurcht.
So viele Atome auch in allen Buddhawelten existieren, so oft verneige ich
mich vor den Buddhas der drei Zeiten, vor der Lehre und vor der Höchsten
Gemeinschaft.
Ich verneige mich auch vor allen Stupas und verehre die Meister der
Bodhichitta, die Klosterlehrer und die noble Gefolgschaft der Lehre.

2. Darbringungen

Um den kostbaren Zustand der Erleuchtung zu erlangen, bringe ich den
Buddhas, der Heiligen Lehre und den Buddhasöhnen mit Ehrerbietung
Opfergaben dar.
Ewig werde ich meine Körper den Buddhas und ihren Söhnen darbringen.
Nehmt mich an, große Helden. Ich bin bereit, Euch in Demut zu dienen.

3. Bereinigung der unheilsamen Handlungen

Seit ewigen Zeiten, in diesem Leben und in den vorherigen, habe ich aus
Ignoranz unheilsame Taten begangen und andere dazu angestiftet.
Von den Verblendungen getäuscht, habe ich Freude daran gefunden.
Jetzt aber bin ich mir meiner unheilsamen Taten bewusst und bekenne
mich vor den Beschützern.

Ich bekenne alles Böse, das ich den Buddhas, der heiligen Lehre und der höchsten Gemeinschaft sowie meinen Müttern, Vätern, Lehrern und anderen Menschen aus mangelndem Respekt mit dem Körper, der Sprache oder im Geist begangen habe.

4. Freude am Heilsamen

Große Freude finde ich in der Vollkommenheit der Erleuchtung. Durch sie wird auch das Leiden der Höllenwesen gelindert und den Leidenden das Glück beschert.
Ich freue mich über die Vermehrung der Wohltaten, die helfen, die Erleuchtung zu erlangen. Ich freue mich über die Befreiung aller Lebewesen von den Leiden.
Ich freue mich über das Erwachen der Buddhas und die geistigen Errungenschaften der Buddhasöhne.

5. Bitte, das Rad der Lehre zu drehen

Meine Hände am Herzen bete ich zu den vollkommenen Buddhas aller Himmelsrichtungen: Entzündet das Licht der Lehre für alle, die unter der Unwissenheit leiden.

6. Bitte um Verweilen

Mit meinen Händen am Herzen bitte ich alle Erleuchteten, die beabsichtigen, in das Nirvana zu gehen: Verweilt bei uns, lasst die in der Dunkelheit Lebenden nicht allein.

7. Widmung

Mögen alle Lebewesen durch die Kraft der Verdienste, die ich erlangt habe, mit diesem Gebet von allen Leiden befreit sein.

Vier edle Wahrheiten

Die erste Wahrheit: Das Leiden existiert.
Die zweite Wahrheit: Es gibt eine Ursache für das Leiden.
Die dritte Wahrheit: Man kann das Leiden beenden.
Die vierte Wahrheit: Es gibt einen Weg, der zum Ende des Leidens führt.

Darbringung

Mögen wir und alle Lebewesen
in allen unseren Leben
niemals von den drei Kostbarkeiten,
dem Buddha,
der heiligen Lehre
und der höchsten Gemeinschaft
getrennt sein.
Durch unsere stete Darbringung
erlangen wir ihre Gnade.

Vor dem Essen

Ich nehme diese Nahrung zu mir,
nur als Heilmittel,
ohne Abneigung, ohne Zuneigung,
nicht zum Stolz, nicht für den Hochmut,
nicht für die Fülle,
sondern nur, damit mein Körper existieren kann.

Gebete aus dem Buddhismus

Darbringung

Dem unübertrefflichen Lehrer – dem kostbaren Buddha,
dem unübertrefflichen Beschützer – der kostbaren, heiligen Lehre,
dem unübertrefflichen Wegweiser – der kostbaren höchsten Gemeinschaft
bringe ich dar.

An Tara

O Tara,
Mutter und Retterin,
Erlöserin aus dem Unglück:
Alle Halbgötter und Himmelsbewohner
verneigen ihr Haupt
zu der Lotusblume an deinen Füßen.
Vor dir, Mutter Tara,
verneige ich mich.

Vier unermessliche Gedanken

Liebe: Alle Lebewesen sollen das höchste Glück erlangen.
Mitgefühl: Alle Lebewesen sollen vom Leiden getrennt sein.
Freude: Alle Lebewesen sollen niemals von der Glückseligkeit
getrennt werden.
Gleichheit: Alle Lebewesen sollen in Gleichmut verweilen.

An den Buddha der Heilung

Wir verneigen uns und bringen Weihrauch
und beten an den heilenden König Buddha,
den Gott der Heilung,
den Gott des Lapislazuli-Lichts.
In zehn Richtungen und drei Zeiten
wird die Krankheit entschwinden,
selbst ihren Namen werden wir nicht mehr hören,
uns soll die Krankheit nur noch in dunkler Erinnerung bleiben.
Mögen alle Krankheiten
aus Herz und Geist
aller Lebewesen entschwinden.
Mögen alle Lebewesen
Gesundheit und Wohl,
Frieden und Reichtum erlangen.
Möge die Schatztruhe der Segnungen aller Buddhas
allen, die diese Worte hören oder lesen,
einen Segensregen aus guten Vorzeichen schicken.

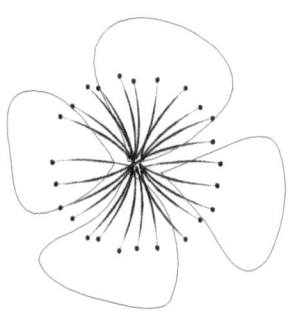

Gebete aus dem Buddhismus

An die Tara-Gottheit mit dem weißen Schirm

Das Wissen, das Mitgefühl und die Handlungen
aller siegreichen Buddhas
manifestieren sich in deiner Erscheinung,
wunderschöne Göttin.
Der innige Glaube und das Gebet an dich
räumt alle Hindernisse aus und erfüllt alle Wünsche.
Schenke uns die Fähigkeit, die Hindernisse
auf dem Weg zur Erleuchtung zu beseitigen:
Die Acht Gefahren, Krankheiten und Einflüsse schädlicher Energien,
die sowohl von außen kommen oder von uns selbst verursacht sind.
Schenke uns die Fähigkeit, das Gute in uns,
die Dauer des Lebens und unser Mitgefühl zu vermehren.
Schenke uns die reine Weisheit,
die wir durch Hören, Denken und Meditieren gewinnen.
Schenke uns die heilsame Wirkung,
die wir aus diesen drei Hauptpraktiken
auf dem Weg erlangen.

Widmung:
Wenn ich die Zeichen des vorzeitigen Todes sehe,
lass mich das wunscherfüllende Rad deutlich sehen;
das Rad möge den Übermut des Gottes des Todes zerstören,
und lass mich schnell den Zustand eines unsterblichen Wissenden erlangen.

Allumfassende Liebe und Wohlwollen

Wer den inneren Frieden erlangen will,
soll demütig und ehrlich sein,
er soll liebevoll sprechen,
in Ruhe und ohne Leidenschaften leben,
schlicht und glücklich.
Er soll nichts tun,
was die Weisen nicht gutheißen würden.

Dies sollen wir bedenken:
Mögen alle Lebewesen glücklich und ohne Schaden sein.
Mögen sie Freude im Herzen haben.
Mögen alle Lebewesen sicher und friedlich leben:
schwache und starke, höhere und niedere, große und kleine,
ferne und nahe, sichtbare und unsichtbare, geborene und ungeborene.
Mögen alle Lebewesen innere Ruhe bewahren.
Möge kein Lebewesen einem anderen Schaden zufügen.
Möge kein Lebewesen für ein anderes eine Gefahr darstellen.
Möge kein Lebewesen böse und feindlich sein
und einem anderen einen Nachteil wünschen.

Gebete aus dem Buddhismus

So wie eine Mutter das einzige Kind liebt
und mit ihrem Leben das Kind beschützt,
so entfalten wir grenzenlose Liebe
zu allem, was lebt in der Natur.
Möge diese Liebe die ganze Welt erfüllen
und nirgends auf ein Hindernis treffen.
Möge der Hass und die Feindseligkeit
unsere Herzen für immer verlassen.

Ob wir stehen oder gehen, liegen oder sitzen,
stets wach sollen wir die grenzenlose Liebe
in unserem Herzen bewahren –
das ist der edelste Lebensweg.
Wer die grenzenlose Liebe erfahren hat,
wird von Leidenschaften befreit sein,
auch von Geiz und Ignoranz.
Er wird in Wahrhaftigkeit und Schönheit leben.
Er wird den Kreislauf des Daseins überwinden.

Höchster Schutz

Und Buddha sprach:

Den Umgang mit törichten Menschen nicht zu pflegen,
sondern nur mit Weisen,
die zu ehren, die der Ehre würdig sind,
das ist der höchste Schutz.

Am richtigen Ort sein,
gute Taten mit sich tragen,
bemüht sein um den eigenen Geist,
das ist der höchste Schutz.

Größtes Wissen und Weisheit,
richtig verstandenes Gesetz,
heilsame Worte sprechen,
das ist der höchste Schutz.

Vater und Mutter dienen,
die Frau und das Kind beschützen,
eine ehrenvolle Arbeit leisten,
das ist der höchste Schutz.

Dem Bittenden geben,
ein aufrechtes Leben führen,
sich um den Nächsten kümmern,
das ist der höchste Schutz.

Gebete aus dem Buddhismus

Sich von dem Sündhaften abwenden,
berauschende Getränke vermeiden,
der heiligen Lehre folgen,
das ist der höchste Schutz.

Ehrfurcht und Demut,
Ruhe und Dankbarkeit,
Teilen des Wissens im rechten Moment,
das ist der höchste Schutz.

Geduld und sanfte Rede,
die Nähe der Weisen zu suchen
und ehrenhafte Gespräche zu führen,
das ist der höchste Schutz.

Reue und Reinheit,
Einsicht in die edle Wahrheit,
wahre Liebe zum Unsterblichen,
das ist der höchste Schutz.

Eintracht

Eintracht im Herzen und Eintracht im Geiste,
Freiheit von Hass, das will ich erstreben.
Freue ich mich an anderen
so wie eine Kuh an ihrem neugeborenen Kalb?

Der Sohn soll seinem Vater anhängen,
er soll desselben Geistes sein wie seine Mutter,
die Frau soll zu ihrem Mann
in honigsüßen Worten sprechen.

Der Bruder soll nicht hassen den Bruder,
die Schwester nicht hassen die Schwester,
einträchtig, dem gleichen Ziel zugewandt,
sprecht eure Worte in freundlichem Sinn!

Dieser Zauber, der auch die Götter einträchtig sein lässt,
denn sie hassen nicht einander,
diesen Zauber bereiten wir auch deinem Haus
als einen Nährboden der Eintracht unter deinen Leuten.

Gebete aus dem Hinduismus

Folge deinem Führer desselben Geistes,
halte dich selbst nicht abseits.
Gehe auch dorthin, kooperiere,
gehe den gleichen Weg,
sprich einträchtig mit den anderen.
Ich erinnere dich derselben Absicht, desselben Geistes.

So sollst du auch trinken und die Nahrung in Gemeinschaft teilen.
Ich führe euch zusammen auf dieselbe Spur.
Erfülle deine Aufgabe, Agni,
führe zusammen,
so wie man es berichtet in der ganzen Welt.

Ich erinnere dich derselben Absicht, desselben Geistes,
gewähre du Achtung durch meinen Zauber.
Wie die Götter, die die Götterspeise bewachen,
möge der Herrscher dir wohl gesonnen sein,
bei Nacht und bei Tage.

aus Atharva-Veda
(eine der heiligen Textsammlungen des Hinduismus)

Gebet eines Kaufmanns

Indra, als Kaufmann rufe ich dich an:
Komm zu uns und sei unser Wagen,
behüte uns vor dem Dämon der Missgunst,
den Wegelagerern und den wilden Tieren.
Schenke mir Wohlstand!
Mögen die mannigfaltigen Pfade,
die Straßen der Götter,
die sich zwischen Himmel und Erde treffen,
mich zu Milch und Butterschmalz führen,
so dass ich Reichtum aus meinen Käufen erziele.
Ich begehre, o Agni,
dir mit Brennholz und Butterschmalz
Opfergaben zu bringen
und daraus Erfolg und Kraft zu gewinnen.
So sehr ich vermag,
preise ich dich mit meinem Gebet
und singe dieses göttliche Lied,
auf das ich hundertfach gewinne!
Verzeih uns, o Agni, die Sünde,
die wir auf unserem langen Weg begangen haben.
Mögen unsere Einkäufe und Verkäufe erfolgreich für uns sein,
möge aus unserem Tauschhandel Gewinn entstehen.
Möge euch, Indra und Agni, dieses Opfer gefallen.
Mögen unsere Geschäfte und der Gewinn günstig für uns ausfallen.
Mein Vermögen, mit dem ich kaufen gehe,
in dem Sinnen, Vermögen aus Vermögen zu machen:

Ihr Götter, möge dies zu Vermehrung
und nicht zu Verminderung führen.
Vertreibe, o Agni, für diese Opfergabe
die Götter, die den Gewinn verhindern.
Der Reichtum, mit dem ich kaufen gehe
in dem Wunsch, ihr Götter,
Reichtum durch Reichtum zu mehren:
Mögen Indra, Pragapati, Savitar, Soma und Agni
ihn für mich mit Glanz versehen.
Wir preisen dich in Ehrerbietung,
o Priester Agni:
Wache über unsere Kinder,
uns selbst, unsere Tiere
und den Odem des Lebens.
Täglich wollen wir nicht vergessen,
dir zu opfern, o Gatavedas,
so wie wir ein Pferd im Stall täglich füttern.
In wachsendem Wohlstand
und dem Genuss unserer Speisen
mögen uns, o Agni, deinen Nachbarn,
keine Übel geschehen.

aus Atharva-Veda
(eine der heiligen Textsammlungen des Hinduismus)

An Brahmanaspati

O, Brahmanaspati, erhebe dich!
Als Diener Gottes beten wir zu dir.
Mögen die Maruts,
die die guten Geschenke verteilen,
zu uns kommen;
Indra, sei auch du mit ihnen.
O Sohn der Stärke,
jeder Sterbliche ruft nach dir
wenn die Wirrsal der Schlacht ihn erwartet.
O Maruts, möge der Mann,
der euch wahrhaftig liebt,
starke Streitrösser erhalten
und Heldenmut erlangen.
Möge Brahmanaspati kommen,
möge die Göttin der Großmut kommen
und die Götter zu dieser Zeremonie bringen,
die ein fünffaches Geschenk erwirkt.
Derjenige, der dem Priester einen noblen Lohn gewährt,
gewinnt unvergänglichen Ruhm.
Er wird den heiligen einzigartigen Heldenmut erhalten
und siegreich sein.
Nun spricht Brahmanaspati die Hymne des Ruhmes,
in der die Götter Indra, Varuna, Mitra und Atyaman
ihren Platz gefunden haben.
Wir wollen in heiligen Zusammenkünften
diese einzigartige Hymne rezitieren,
die zur Glückseligkeit führt.
Möget ihr, o Helden, die Hymne erhören
und euer Wohlgefallen erweisen.

aus Rig-Veda (Sammlung von 1028 Hymnen)

Gebete aus dem Hinduismus

An Surya, die Sonne

Seine leuchtenden Strahlen heben ihn empor,
den Gott, der alles Leben kennt, Surya,
dass alle Welt ihn schauen kann.

Die Sternenbilder mit ihrem Glanze
verstecken sich wie Diebe
vor der alles-sehenden Sonne.

Schon seine ersten Strahlen
sind weit zu sehen,
leuchtend über der Welt
wie die funkelnden Flammen des Feuers.

Flüchtig und überschön bist du, o Surya,
du Schöpfer des Lichtes.
Du beherrschst das ganze Strahlen-Reich,
du erleuchtest der Götter Reich,
und du erscheinst der Welt,
allen, die das Licht sehen sollen.

aus Rig-Veda (Sammlung von 1028 Hymnen)

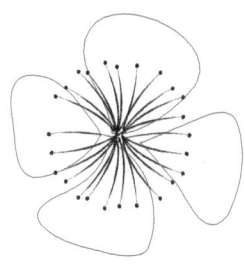

Gegen den Husten

So wie die Seele mit all ihrem Sehnen
eilends in die Weite fliegt,
so fliege auch du, o Husten,
fliege fort, begleite den Flug der Seele.

So wie der scharfe Pfeil
eilends in die Weite fliegt,
so fliege auch du, o Husten,
fliege fort, den Weg des Erdkreises entlang.

So wie ein Strahl der Sonne
eilends in die Weite fliegt,
so fliege auch du, o Husten,
fliege fort, fliege fort mit den Fluten des Meeres.

aus Atharva-Veda (eine der heiligen Textsammlungen des Hinduismus)

Bußgebet

Von den Sünden,
die wir wissend oder unwissend begangen haben:
All ihr Götter gemeinsam
gewährt uns Erlösung!

Ob im Wachen oder im Schlaf:
zur Sünde befähigt,
habe ich eine Sünde begangen.
Was immer auch war,
was jemals auch sein wird,
so wie von einem hölzernen Stachel
erlöse mich!

Wie von dem hölzernen Stachel erlöst,
wie im Bade schwitzend, gereinigt von Unrat,
ganz wie das Butterschmalz, gereinigt durch das Sieb:
So, alle Götter, reinigt mich von der Sünde.

aus Atharva-Veda
(eine der heiligen Textsammlungen des Hinduismus)

Das Böse abzuwenden

Lass mich fort, o Böses!
Du bist machtvoll,
habe Mitleid, Böses,
entlasse mich unbeschädigt
in die Welt der Glückseligkeit.

Wenn Du, o Böses,
nicht von uns lässt,
dann werden wir dich verlassen,
an der nächsten Weggabelung.
Möge das Böse einem anderen folgen.

Fern von uns
mag tausend-äugig
unsterblich Böses sein.
Den, den wir hassen,
mag es treffen,
und sicher wird er ihm verfallen.

aus Atharva-Veda (eine der heiligen Textsammlungen des Hinduismus)

Die Eröffnung

Im Namen Allahs,
des Allerbarmers,
des Barmherzigen!

Alles Lob gebührt Allah,
dem Herrn der Welten,
dem Allerbarmer,
dem Barmherzigen,
dem Herrscher am Tage des Gerichts!

Dir dienen wir, und dich bitten wir um Hilfe.
Führe uns den geraden Weg,
den Weg derer, denen du Gnade erwiesen hast,
nicht den Weg derer, die deinen Zorn erregt haben,
und nicht den Weg der Irregehenden.

Koran, Sure 1

Ruf des Muezzin zum Gebet

Allah ist groß. Allah ist groß. Allah ist groß. Allah ist groß.
Ich bezeuge, dass es keinen Gott gibt außer Allah.
Ich bezeuge, dass es keinen Gott gibt außer Allah.
Ich bezeuge, dass Muhammad der Gesandte Allahs ist.
Ich bezeuge, dass Muhammad der Gesandte Allahs ist.
Kommt zum Gebet. Kommt zum Gebet.
Kommt zum Heil. Kommt zum Heil.
Allah ist groß. Allah ist groß.
Es gibt keinen Gott außer Allah.

Gebete aus dem Islam

Allah ist das Licht

Allah ist das Licht des Himmels und der Erde.
Sein Licht ist gleich einer Nische, in der sich eine Lampe befindet:
Die Lampe ist aus Glas, das Glas leuchtet wie ein Stern.

Koran, Sure 24, 35

Glaube, Wahrheit und Geduld

Im Namen Allahs, des Erbarmers, des Barmherzigen!
Ich schwöre beim Nachmittag.
Es ist wahr, die Menschen befinden sich im Mangel,
außer denen, die glauben und gute Werke tun,
und sich gegenseitig die Wahrheit ans Herz legen
und sich gegenseitig zur Geduld anhalten.

Koran, Sure 103

Verlies, was dir von dem Buche offenbart wurde

Verlies, was dir von dem Buche offenbart wurde,
und verrichte das Gebet.
Wahrlich, das Gebet hält von schändlichen
und abscheulichen Dingen ab;
und Allah zu gedenken,
ist gewiss das Höchste.
Und Allah weiß, was ihr begeht.

Koran, Sure 29, 45

Der das Gericht leugnet

Im Namen Allahs,
des Erbarmers,
des Barmherzigen!

Hast du den gesehen, der das Gericht leugnet?
Das ist der, der auch die Waise wegstößt
und nicht zur Speisung des Armen anspornt.

Wehe den Betenden,
die bei der Verrichtung ihres Gebets nachlässig sind,
die nur dabei gesehen werden wollen
und Hilfeleistung verweigern.

Koran, Sure 107, 1-7

Gebete aus dem Islam

Das Samenkorn

Das Gleichnis derjenigen,
die ihr Vermögen auf dem Weg Allahs ausgeben,
ist wie das Gleichnis eines Samenkorns,
das sieben Ähren wachsen lässt,
in jeder Ähre hundert Körner.

Und Allah vervielfacht es,
wenn er es wünscht.
Und Allah ist allumfassend, allwissend.

Koran, Sure 2, 261

Nach einem Regenschauer

Das Gleichnis jener aber,
die ihre Güter ausgeben
im Trachten nach Allahs Wohlgefallen
und zur Stärkung ihrer Seele,
ist das Gleichnis eines Gartens
nach einem Regenschauer:
Da bringt er seine Früchte zweifach hervor,
und wenn ihn kein Regenschauer trifft, so doch Tau.
Und Allah durchschaut euer Tun.

Koran, Sure 2, 265

Die Wohnungen

O ihr, die ihr glaubt, kommt nicht Allah und seinem Gesandten zuvor, und fürchtet Allah. Wahrlich, Allah ist allhörend, allwissend.

O ihr, die ihr glaubt, erhebt nicht eure Stimmen über die Stimme des Propheten und redet nicht so laut zu ihm, wie ihr zueinander redet, so dass eure Werke nicht eitel werden, ohne dass ihr es merkt.

Wahrlich, diejenigen, die ihre Stimmen dämpfen in der Gegenwart des Gesandten Allahs, sind es, deren Herzen Allah zur Gottesfurcht geläutert hat. Für sie ist Vergebung und ein gewaltiger Lohn.

Wahrlich, jene, die dich von außerhalb der Gemächer her rufen - die meisten von ihnen haben keinen Verstand. Und wenn sie sich geduldeten, bis du zu ihnen herauskämest, so wäre es besser für sie gewesen. Doch Allah ist allvergebend, barmherzig.

O ihr, die ihr glaubt, wenn ein Frevler euch eine Kunde bringt, so vergewissert euch dessen, damit ihr nicht anderen Leuten in Unwissenheit ein Unrecht zufügt und hernach bereuen müsst, was ihr getan habt.

Und wisset, dass der Gesandte Allahs unter euch ist. Würde er sich in so vielen Dingen nach euren Wünschen richten, würdet ihr sicher in Bedrängnis kommen; jedoch Allah hat euch den Glauben lieb gemacht und sehr begehrenswert für eure Herzen; und er hat euch Unglauben, Widersetzlichkeit und Ungehorsam verabscheuenswert gemacht. Das sind jene, die der rechten Bahn folgen durch die Huld und die Gnade Allahs. Und Allah ist allwissend, allweise.

Und wenn zwei Parteien der Gläubigen einander bekämpfen, dann stiftet Frieden zwischen ihnen; wenn jedoch eine von ihnen sich gegen die andere vergeht, so bekämpft diejenige, die im Unrecht ist, bis sie sich Allahs Befehl fügt. Fügt sie sich, so stiftet in Gerechtigkeit Frieden zwischen ihnen und seid gerecht. Wahrlich, Allah liebt die Gerechten.

Gebete aus dem Islam

Die Gläubigen sind ja Brüder. So stiftet Frieden zwischen euren Brüdern und fürchtet Allah, auf dass euch Barmherzigkeit erwiesen werde.

Koran, Sure 49, 1–10

Morgendämmerung

Wahrlich, dein Herr ist auf der Hut. Wenn aber der Mensch von seinem Herrn geprüft wird, indem er ihm Wohltaten erweist und Gnaden auf ihn häuft, dann sagt er: "Mein Herr hat mich gewürdigt." Wenn er ihn aber prüft, indem er ihm seine Versorgung verkürzt, dann sagt er: "Mein Herr hat mich erniedrigt."

Nein, ihr seid nicht freigebig gegen die Waise und treibt einander nicht an, den Armen zu speisen. Und ihr verzehrt das Erbe ganz und gar. Und ihr liebt den Reichtum mit übermäßiger Liebe.

Nicht aber so, wenn die Erde kurz und klein zermalmt wird und dein Herr kommt und die Engel in Reihen auf Reihen und die Hölle an jenem Tage nahegebracht wird.

An jenem Tage wird der Mensch bereit sein, sich mahnen zu lassen; aber was wird ihm dann das Mahnen nutzen? Er wird sagen: "O hätte ich doch im voraus für mein Leben Sorge getragen!" An jenem Tag wird niemand so bestrafen wie er und niemand wird so festbinden wie er.

Koran, Sure 89, 14–27

Schema Israel

Höre Israel, der Herr ist unser Gott, der Herr allein.
Du sollst den Herrn, deinen Gott,
lieben von ganzem Herzen,
von ganzer Seele
und mit ganzer Kraft.
Und diese Worte, die ich dir heute gebiete,
sollst du zu Herzen nehmen
und du sollst sie deinen Kindern einschärfen
und davon reden,
wenn du in deinem Hause sitzest
oder auf dem Wege gehst,
wenn du dich schlafen legst oder aufstehst.
Du sollst sie als Zeichen um deine Hand binden
und sie sollen als ein Zeichen auf deiner Stirn stehen.
Du sollst sie auf die Pfosten deines Hauses und an die Tore schreiben.

5. Mose 6

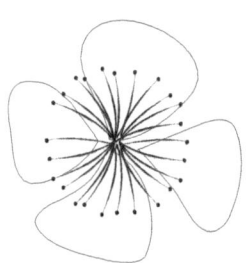

Gebete Israels

Der Herr ist mein Hirte

Der Herr ist mein Hirte: Mir wird nichts mangeln.
Er weidet mich auf grüner Aue
und führet mich zum frischen Wasser.
Er erquicket meine Seele;
er führt mich auf rechter Straße
um seines Namens willen.
Und auch wenn ich wandere im finsteren Tal,
ich fürchte kein Unglück;
denn du bist bei mir,
dein Stecken und dein Stab trösten mich.
Du bereitest vor mir einen Tisch
im Angesicht meiner Feinde.
Du salbest mein Haupt mit Öl
und schenkest mir voll ein.
Gutes und Barmherzigkeit werden mir folgen
mein Leben lang,
und ich werde bleiben im Hause des Herrn
immerdar.

23. Psalm

Gott, du bist mein Gott

Gott, du bist mein Gott; früh wache ich zu dir.
Es dürstet meine Seele nach dir;
mein Fleisch verlangt nach dir
in einem trockenen und dürren Land, wo kein Wasser ist.
Daselbst sehe ich nach dir in deinem Heiligtum,
wollte gerne schauen deine Macht und Ehre.
Denn deine Güte ist besser denn Leben;
meine Lippen preisen dich.
Daselbst wollte ich dich gerne loben mein Leben lang
und meine Hände in deinem Namen erheben.
Das wäre meines Herzens Freude und Wonne,
wenn ich dich mit fröhlichem Munde loben sollte.
Wenn ich mich zu Bette lege,
so denke ich an dich;
wenn ich erwache,
so rede ich von dir.
Denn du bist mein Helfer,
und unter dem Schatten deiner Flügel frohlocke ich.
Meine Seele hängt an dir;
deine rechte Hand erhält mich.
Sie aber stehen nach meiner Seele,
mich zu überfallen;
sie werden unter die Erde hinunter fahren,
sie werden ins Schwert fallen
und den Füchsen zuteil werden.
Aber der König freut sich in Gott.
Wer bei ihm schwört, wird gerühmt werden;
denn die Lügenmäuler sollen verstopft werden.

63. Psalm

Der Segen Salomos

Gelobet sei der Herr,
der seinem Volk Israel Ruhe gegeben hat,
wie er es gesagt hat.
Es ist nicht eins dahingefallen
aus all seinen guten Worten,
die er gesagt hat durch seinen Knecht Mose.
Der Herr, unser Gott, sei mit uns,
wie er gewesen ist mit unsern Vätern.
Er verlasse uns nicht
und ziehe die Hand nicht ab von uns,
zu neigen unser Herz zu ihm,
dass wir wandeln in allen seinen Wegen
und halten seine Gebote, Sitten und Rechte,
die er unsern Vätern geboten hat.
Und diese Worte,
die ich vor dem Herrn gefleht habe,
müssen nahekommen dem Herrn,
unserm Gott, Tag und Nacht,
dass er Recht schaffe seinem Knecht
und seinem Volk Israel,
ein jegliches zu seiner Zeit,
auf dass alle Völker auf Erden erkennen,
dass der Herr Gott ist und keiner mehr.
Und euer Herz sei rechtschaffen,
mit dem Herrn, unserm Gott,
zu wandeln in seinen Sitten
und zu halten seine Gebote, wie es heute geht.

1 Könige 8

Kaddisch

Erhoben und geheiligt werde sein großer Name
in der Welt, die er erneuern wird.
Er belebt die Toten und führt sie zu ewigem Leben.
Er erbaut die Stadt Jerusalem
und errichtet seinen Tempel auf ihren Höhen.
Er tilgt den Götzendienst von der Erde
und bringt den Dienst des Himmels wieder an seine Stelle.
Und regieren wird der Heilige, gelobt sei er,
in seinem Reiche und in seiner Herrlichkeit,
in eurem Leben und in euren Tagen
und im Leben des ganzen Hauses Israel,
jetzt und in Zukunft. Amen.

Kol Nidrej

Alle Gelübde, Selbstverbote, Bannsprüche, Widmungen,
Umschreibungen von Gelübden und alles,
was einem Gelübde, Schwur oder einem Selbstverbot gleicht,
all diese Gelübde,
die wir von diesem Jom Kippur
bis zum nächsten Jom Kippur
sprechen werden,
wir bereuen sie alle.

Sie alle seien aufgehoben, aufgegeben,
zurückgenommen und ungültig,
ohne Kraft und Bestand.

Unsere Gelübde seien keine wirksamen Gelübde,
unsere Selbstverbote keine wirksamen Selbstverbote
und unsere Schwüre keine Schwüre.

Ich hebe meine Augen auf zu dir

Ich hebe meine Augen auf zu dir,
der du im Himmel sitzest.
Siehe, wie die Augen der Knechte
auf die Hände ihrer Herren sehen,
wie die Augen der Magd
auf die Hände ihrer Frau,
also sehen unsere Augen
auf den Herrn, unseren Gott,
bis er uns gnädig werde.
Sei uns gnädig, Herr, sei uns gnädig!
Denn wir sind leid der Verachtung,
unsere Seele ist leid der Stolzen Spott
und der hoffärtigen Verachtung.

123. Psalm

Herr, deine Güte reicht, soweit der Himmel ist

Herr, deine Güte reicht, soweit der Himmel ist,
und deine Wahrheit, soweit die Wolken gehen.
Deine Gerechtigkeit steht wie die Berge Gottes
und dein Recht ist wie eine große Tiefe.
Herr, du hilfst Menschen und Tieren.
Wie teuer ist deine Güte, Gott,
dass Menschenkinder unter dem Schatten
deiner Flügel Zuflucht haben.
Sie werden trunken von den reichen Gütern deines Hauses,
und du tränkst sie mit Wonne als mit einem Strom.
Denn bei dir ist die Quelle des Lebens,
und in deinem Licht sehen wir das Licht.
Breite deine Güte über die, die dich kennen,
und deine Gerechtigkeit über die Frommen.

36. Psalm

Bitte um Wasser

Schenke mir Wasser.
Ohne Wasser kann ich nicht leben.
Ich bin reich, doch schenke mir Wasser,
ohne Wasser kann ich nicht leben,
bin ich nichts.

Ich bin reich, doch ohne dich
kann ich nicht leben.

Schenke mir Wasser!

aus Marokko

Nachtgebet

Die Nacht ist der Frieden,
die Nacht gibt mir Kraft.
Nur der Wind ist zu hören,
nur das Land ist unter mir.
Ich schlafe bei dir,
ich vertraue auf dich.
Mein Gott,
ich vertraue dir.

aus Marokko

Du bist der Löwe

Du, Herr, bist der Löwe,
du senkst deinen Kopf im Angesicht der Sonne,
du erhebst dein Haupt aus den Schatten der Nacht.

Du herrschst über die Steppe,
kraftvoll und überlegen,
du bist weise und gnädig,
sogar über den Tod.

Gib auch mir deine Weisheit,
deine Einsicht und Kraft,
lass mich kämpfen und leben,
deine Stärke erlernen.
Du bist Herrscher, ich Kind,
lass mich leben und lernen.

aus Namibia

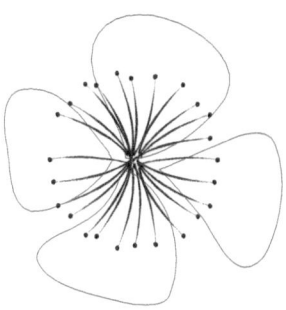

Mut

Ich kenne keine Angst,
denn du bist bei mir.
Dein Mut ist mein Mut,
so muss ich nichts fürchten.

Dein Mut ist mein Mut.
Dein Mut ist mein Mut.
So kenne ich keine Angst,
denn du bist bei mir.

aus Namibia

Herr, beschütze mein Lager

Herr, beschütze mein Lager,
dass die Nacht nicht mein Weib,
meine Kinder, meine Tiere
und mein Leben nimmt.

Herr, lass den Tod nicht kommen
in der Nacht.
Und lass meine Feinde nicht wachen.
Gib mir Schlaf –
und lass den Tod nicht kommen
in der Nacht.

aus Namibia

Mondgebet

In der Nacht gibst du mir Licht,
dass ich Pflanze und Tier unterscheide.

Du bist gegeben,
du lässt meine Jagd gelingen.

Du beschützt meine Herde,
meine Sippe und mich.

Du gibst mir Licht,
auch wenn alles schwarz ist,
in der kalten Nacht
bist du mir gegeben.

aus Südafrika

Totengesang

Herr, warum hast du ihn genommen?
Wo ist er jetzt?
Warum hast du ihn genommen
und warum ohne mich?
Warum bin ich jetzt allein?
Was soll ich nur tun?

Herr, ich bin jetzt ganz allein,
deshalb verlasse du mich nicht.
Ich bin ohne Hoffnung,
aber ich lebe.
Ich lebe, ganz allein,
bitte verlasse mich nicht.

Du bist das einzige, was ich habe.
O Gott, warum hast du ihn genommen?
Jetzt bin ich ganz allein.
Bitte verlasse mich nicht.

aus Südafrika

Erde, Erde

Erde, Erde,
Mutter des Lebens,
gib mir die Kraft,
deine Kraft.
Lass die Sonne der Erde Kraft vermehren,
denn die Kraft der Erde,
ist meine, meine Kraft.

Ich brauche dich,
meine Kraft aus der Erde,
verlass mich niemals,
ohne dich bin ich verloren.

Hilf mir, Erde,
deine Kraft gibt mir Leben,
gib mir Sonne, gib mir Leben,
deine Kraft, deine Kraft.

aus Südafrika

Die Weisheit der Alten

Die Alten sagen:
Vor uns war eine Zeit.
Wir müssen unserem Volk das Erfahrene lehren.

Das Volk lehrt das Erfahrene an seine Kinder.
Die Kinder des Volkes bewahren es wohl.

Du, Größter, hast uns diese Lehre gegeben,
wir verstehen es wohl,
wir preisen das Leben.

aus Ostafrika

Beschütze uns

Du beschützt uns.
Du rettest uns.
Du hast unser Leben erschaffen.
Du wirst uns nicht verlassen.

Bitte beschütze uns.
Bitte rette uns.
Bitte verlasse uns nicht.

Wir vertrauen auf dich.

aus dem Sudan

Wie soll ich reden zu dir

Wie soll ich reden zu dir?
Was kann ich sagen, um dein Herz zu erfreuen?
Was kann ich tun, damit du mich liebst?

Ich rede zu dir mit meinem Herzen.
Ich sage, dass ich dich nie vergessen werde.
Ich erfülle dein Wort, wo immer es gelingt.

Wie soll ich reden zu dir?
Ich rede zu dir mit meinem Herzen.
Sei mit mir,
in jeder Stunde will ich dir dienen.

aus Brasilien

In dieser dunklen Stunde

In dieser dunklen Stunde,
Herr, rufe ich zu dir.
Ich rufe zu dir um Beistand,
denke an mich!

In dieser dunklen Stunde,
Herr, lass mich nicht allein.
Ich rufe zu dir um Beistand,
verlass mich nicht!

In dieser dunklen Stunde,
Herr, lass mich das Richtige fühlen,
lass mich das Richtige denken,
lass mich das Richtige tun.
Ich rufe zu dir um Beistand,
Herr, sei mit mir,
und verlass mich nicht.

aus Brasilien

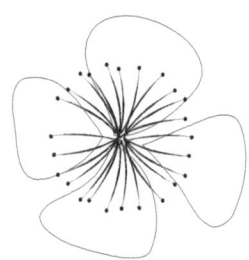

Er erschuf alle Dinge

Er erschuf die Sonne,
die Sonne zuerst,
sie geht auf und geht nieder.

Er erschuf das Wasser,
das Wasser der Flüsse und Seen
und das Wasser des Meeres;
das Wasser fließt auf und fließt ab.

Er erschuf auch den Himmel,
die vieltausend Sterne,
sie gehen auf und stürzen
auf die Erde herab.

Er erschuf auch die Menschen,
sie leben und sterben,
kommen wieder und wieder,
wie er es will.

aus Brasilien

Aus dem Wasser wird das Leben

Aus dem Wasser wird das Leben,
aus dem Licht wird das Sehen.
Aus dem Gedanken wird die Tat,
aus der Tat wird das Leben.

Wenn ich nur das Wasser habe,
dann habe ich das Leben.
Wenn ich nur das Licht sehe,
dann habe ich das Leben.
Wenn ich nur Gedanken habe,
dann habe ich das Leben.
Wenn ich nur die Tat vollbringe,
dann habe ich das Leben.

Das Leben ist das Höchste,
das Leben ist die Tat.

aus China

Gegen den Schmerz

Ein Schmerz ist tief in meinem Herzen,
ich habe ein großes Unglück gehabt.
Ein Schmerz ist tief in meinem Herzen,
ich habe einen großen Verlust erlitten.
Ein Schmerz ist tief in meinem Herzen,
ein großes Übel hat mich befallen.
Ein Schmerz ist tief in meinem Herzen,
mein Leben ist wie ausgelöscht.

Doch wenn ich dich nicht verliere,
so hat das Unglück ein Zuhause,
so hat der Verlust einen Gewinn,
so hat das Übel eine Linderung,

so kennt mein Leben keinen Schmerz.

aus China

Das Reiskorn

Aus einem Korn entsteht das Leben.
So ist der Anfang.
Aus dem Anfang entsteht ein Weiteres.
Das ist das Leben.
Aus dem Weiteren folgt kein Ende,
sondern ein Weiteres
und ein Weiteres.

Alles, was in mir wohnt,
entstand aus einem Korn.
Doch auf ein Weiteres folgt immer ein Weiteres.
So geht es, fort und fort,
es wird kein Ende geben.

aus China

Die Sterne

Die Sterne am Himmel
sind vom Herrscher verteilt.
Eine Dynastie am Himmel
hat der Herr geschaffen.

In kleiner Ordnung geboren,
sehe ich die große Ordnung mit Ehrfurcht.
Wie bin ich nur gering
gegen die Größe des Himmels.

Ich glaube an die große Ordnung,
die, die der Herrscher am Himmel zeigt.
Die, die unendlich größer
als alles hier auf der Erde.

Gib mir Einsicht,
diese Ordnung zu verstehen,
du hast alles verstanden.

Hilf mir, Herr, zu verstehen.

aus China

Danke, Herr

Danke, Herr, ich bin nur ein Diener,
ein Diener in deiner Welt,
ein Sklave,
dem du Gnade schenktest.

Du lässt mich leben,
du machst es mir leicht.

Ich werde dir folgen,
denn du weist mir den Weg.

Gib mir Geleit,
lass mich nicht verlieren deinen Weg.

Soweit ich dir folge,
werde ich nicht leiden.

aus Russland

Jagdgebet eines Sioux

Großer Gott!
Du herrschst über den Tag und die Nacht.
Du herrschst über den Wald und die Steppe.
Du herrschst über den Berg und das Tal.
Du herrschst über Tiere und Pflanzen,
über alles, was lebt,
und du herrschst auch über mich.

Ich bin nur ein Wanderer in deiner Welt,
ich habe die Augen geschlossen
und sehe doch alles,
alles, was dir gehört,
alles, was nicht mir gehört.

Doch meine Sippe braucht Nahrung,
meine Frau ist mager
und meine Kinder sind arm.

So gehe ich zur Jagd,
zur Jagd in deiner Welt.
Du hast unzählige Tiere,
du hast mannigfaltigste Arten.
Alles, was dir gehört,
alles, was nicht mir gehört.

Gebete aus aller Welt

Doch meine Sippe braucht Nahrung,
meine Frau ist mager
und meine Kinder sind arm.

So gib mir einen Teil,
dass meine Frau gedeiht
und meine Kinder wachsen.
Lass mich erlegen dein Wild,
auch dann noch gehört es dir.

Ich werde es dir danken.

aus Nordamerika (Gebet der Sioux)

Gebetsverzeichnis